AF310413

MÉMOIRE

POUR le Sieur Jean Calas, Négociant de cette Ville ; Dame Anne-Rose Cabibel son Epouse ; & le Sieur Jean-Pierre Calas un de leurs Enfans.

A TOULOUSE,

Chez J. RAYET, Imprimeur-Libraire, à la Mere des Sciences & des Arts, Place du Palais.

MÉMOIRE

POUR le Sieur Jean Calas, Négociant de cette Ville ; Dame Anne-Rose Cabibel son Epouse ; & le Sieur Jean-Pierre Calas un de leurs Enfans.

O N ne sçait ce qui doit surprendre davantage, de la rapidité avec laquelle le Public a jugé les Exposans, ou qu'il n'ait pas cessé de les juger depuis près de trois mois. Marc-Antoine Calas est trouvé mort à neuf heures & demie du soir : la nouvelle s'étend pendant la nuit, elle est répandue par-tout le lendemain matin. Dans ce même moment : où il n'y avoit ni ne pouvoit y avoir aucune lumiere, aucunes preuves, l'Arrêt des Exposans fut porté : ils sont coupables, ils ont fait périr leur fils ; & chacun dresse dans sa pensée un échaffaut sur lequel ils doivent expirer. Cependant la Religion défend aux Particuliers de juger ; elle ordonne la charité pour tous les hommes, & l'humanité s'intéresse pour les malheureux.

Le Public en sçait aussi peu après trois mois qu'au commencement, puisque les preuves, s'il y en avoit, n'ont pas été pour lui, elles ne lui ont pas été communiquées. De plus, un Arrêt qui a continué l'instructive, méritoit bien qu'on crût que les Exposans pouvoient être innocens : cependant les Sages seuls sont revenus de cette premiere illusion. Quelle est la cause de cet étrange mouvement ? Le cœur peut se laisser surprendre un instant à la cruauté, sa bonté naturelle le ramene bientôt. Mais la Religion a été mêlée dans cette Cause : & dans tous les temps, dans toutes les Nations, le Peuple a été pris d'aversion pour ceux qui sont d'une Religion opposée : les plus modérés ont peine eux-mêmes à s'en défendre.

Le Sanctuaire de la Cour est à l'abri de ces orages & de ces passions : & les Exposans déja trop malheureux espérent tout de son équité sublime, de sa sagesse & de ses lumieres.

F A I T.

Le sieur Calas, pere, est âgé de 67 ans ; il est né à la Cabarede, au Diocése de Castres ; il est établi dans cette Ville depuis environ 40 ans, & il y a vécu avec honneur.

Il contracta mariage dans le mois d'Octobre 1731 avec la Demoiselle de Cabibel, née de parens refugiés en Angleterre.

La Demoiselle Cabibel est issue, par son aïeule maternelle, de la maison de Lagarde de Montesquieu ; ainsi elle a l'honneur d'appartenir à une

partie de la Noblesse la plus diftinguée de cette
Province. Elle eft coufine, remuée de germains,
du Marquis de Montefquieu d'aujourd'hui & des
Seigneurs de Polaftron-Lahillere ; & niéce à la
mode de Bretagne de la Dame de Marfillas, dont
l'époux eft mort Brigadier des Armées du Roi,
des fieurs de Saint-Amans, dont l'un eft Capitaine de Grenadiers du Regiment de Lorraine, des
fieurs de Riols Defmazier, du fieur Defcalibert,
ancien Capitaine, Chevalier de Saint-Louis. Enfin toute la parenté illuftre de la maifon de Montefquieu eft celle de la Demoifelle Calas. Elle
n'a pas appris l'art funefte du parricide dans ce
fang fi noble & fi pur.

Le mariage des Sieur & Demoifelle Calas a été
béni de la naiffance de fix enfans, deux filles &
quatre garçons. Marc-Antoine Calas, dont la
fin tragique fait le malheur de fa famille : Louis
Calas qui a embraffé la Religion Catholique :
Pierre Calas qui eft dans les fers, & Louis-Donat
Calas qui eft dans le Commerce, à Nîmes.

Pendant que le fieur Gaubert Lavayffe étoit à
Touloufe, il avoit des liaifons avec les fieurs &
Demoifelles Calas ; il étoit lié fur-tout avec Marc-
Antoine Calas.

Le fieur Lavayffe, arrivé de Bordeaux à Touloufe le 12 Octobre, va rendre le foir même au
fieur Cazeing des Lettres dont il étoit chargé,
dans le deffein de partir le lendemain pour aller
joindre fa famille à la campagne : le fieur Cazeing le pria d'accepter chez lui un fouper & un
lit.

Le Sr. Lavayffe chercha le lendemain des che-
vaux pour aller joindre fa famille à la campagne,
& n'en trouva pas. Paffant dans l'après-midi devant la boutique des fieurs Calas, il y voit des

Demoiselles de Caraman ; [a] il entra pour les saluer , & le sieur Calas lui fit promettre de souper ce soir avec sa famille.

Pierre Calas lui offroit de se joindre à lui pour lui procurer un cheval pour le lendemain : des personnes qui vinrent achetter des marchandises, suspendirent quelque temps leur sortie : ils sortent vers cinq heures , rentrent vers sept heures un quart , & l'on se mit à table.

Marc-Antoine Calas quitta la table le premier : il étoit dans l'usage de sortir l'après-souper pour aller jouer au billard : il passa un instant à la cuisine & descendit.

Lorsque le sieur Lavaysse voulut se retirer vers neuf heures & demie , Pierre Calas prit un flambeau pour l'accompagner : ils voient ouverte la porte de la boutique , & Marc-Antoine Calas pendu entre les deux battans de la porte , qui conduit de la boutique au magasin , la face tournée vers la boutique. Ils se précipitent dans le courroir & volent dans l'escalier , appellant le pere à grands cris.

Le sieur Lavaysse arrête la mere qui se présentoit sur l'escalier. Ce spectacle n'étoit pas fait pour elle. Il vole ensuite chez un Chirurgien ; de-là il court appeller le sieur Cazeing pour venir consoler avec lui ces infortunés.

La mere n'étant plus arrêtée n'avoit point tardé à descendre. Quelles douleurs, quels cris, quelles plaintes ! D'un côté le voisinage accourut , de l'autre les Capitouls furent mandés.

Les sieurs Calas pere & fils , le sieur Lavaysse qui étoit rentré , & la Servante de la maison fu-

_____

(a) *Patrie de Mr. Lavaysse , Avocat, qui y passe quelque temps pendant les Vacations avec sa famille.*

rent emmenés à l'Hôtel-de-Ville ; ils crurent, & ils avoient lieu de le croire, que c'étoit fimplement pour tirer d'eux les circonftances de cette funefte aventure.

Il faut apprendre au public ce que c'eft que cette Servante : une vieille fille fervant depuis trente ans dans la maifon , qui en a vu naître tous les enfans : Catholique zélée & d'une piété édifiante , qui approchoit du Sacrement de la Pénitence une fois la femaine , & de la Sainte Table deux fois ; qui avoit communié trois jours avant ce malheur.

Le Procès-verbal de cette defcente a été dreffé , dit-on , dans l'Hôtel-de-Ville ; & un Rapport de deux Médecins & de deux Chirurgiens que les Capitouls avoient mandés , a été dreffé de même dans leurs maifons.

Les Capitouls firent une feconde defcente à la maifon trois jours après : & Maître Lamarque, Chirurgien , fut employé le 15 , pour faire l'ouverture du Cadavre , & vérifier les alimens qui fe trouveroient dans l'eftomac.

Ce qui a fuivi eft affez connu ; ce Décret qui tient depuis près de trois mois cinq perfonnes dans les fers , & qui entretient trois familles dans l'amertume la plus vive : ce Monitoire qui a été publié : la Sentence de l'Hôtel-de-Ville , & l'Arrêt qui a ordonné que l'inquifition commen-cée feroit continuée.

Les Expofans ont appellé comme d'abus de l'obtention du Monitoire : ils débattent de nullité & de faux les premier & fecond Verbal de def-cente , les deux Rapports & différentes autres parties de la Procédure.

Le Monitoire n'étant pas conçu à décharge , comme il l'étoit à charge , ceux qui auroient pû déposer pour la décharge des Exposans ne se font pas crus en droit de se présenter pour révéler : les Exposans ont lieu de croire qu'ils n'auront pas besoin de ce secours : mais s'il pouvoit arriver que leur innocence ne parut pas établie , ils ont coarcté des faits justificatifs, les plus tranchans & les plus décisifs, & ils ont demandé d'être reçus à en faire la preuve : il seroit inutile de faire en cet endroit le détail de ces faits : ils se présentent dans les différentes parties de ce Mémoire : & ils seront résumés à la fin.

NULLITÉS.

Il ne faut pas croire que ces nullités soient couvertes par l'Arrêt , qui a ordonné que l'inquisition commencée , seroit continuée : ordonner que l'inquisition sera continuée , n'est pas dire que ce qui a précédé soit exact & valable en toutes ses parties.

Mais qu'il soit permis de faire avant tout quelque réflexions sur l'importance des formes en matiere criminelle.

» Laissons, dit l'Ordonnance de 1670 , tit. 14 , » art. 8 , au *Devoir* & à la *Religion* des Juges d'exa» miner avant le Jugement , s'il n'y a point de » nullités dans la Procédure.

Ainsi l'Ordonnance prétend si peu que des Prévenus puissent être condamnés sur des Procédures nulles, qu'elle fait aux Juges un devoir & une obligation de religion de vérifier s'il n'y a point de nullités, quand même elles n'auroient pas été proposées : vous manquerez à votre devoir , vous chargerez votre conscience , si vous en usez autrement.

Tous les Auteurs en ont parlé dans cet esprit

Dans le Dictionnaire de Ferriere : [a] « forma-
» lités en matiere criminelle font *essentielles* & en
» *font la substance*. . . . Il n'y a que les Rois, qui
» font les images de Dieu même, qui aient le
» pouvoir de ne suivre aucune formalité dans leurs
» Jugemens, lorsque les crimes font dans la der-
» niere évidence.

Dans le Dictionnaire de Brillon *in verbo* Procédure criminelle, » toutes les dispositions de l'Or-
» donnance, dans *l'intention du Législateur, concourent
à la protection de l'innocence.*

L'Auteur de l'Esprit des Loix [b], qui fut à la
fois grand Philosophe, grand Politique & excel-
lent Magistrat. » Si vous examinez les forma-
» lités de la Justice, par rapport à la peine qu'a un
» Citoyen à se faire rendre son bien, ou à obtenir
» satisfaction de quelque outrage, vous en trou-
» verez sans doute trop : si vous les regardez dans
» le rapport qu'elles ont avec la liberté & la sûre-
» té des Citoyens, vous en trouverez souvent trop
» peu.

La Cour représentoit elle-même si énergique-
ment au Souverain, dans des Arrêtés du 19 Juillet
1760, « que substituer des voies irrégulieres à la
» forme des Jugemens, c'est rendre précaire la
» liberté politique. . . . . que tout Citoyen a le
» droit de n'être jugé que suivant les Loix.

Mais quoi! des coupables éviteront-ils la peine, parce qu'il aura été manqué à des formalités?

Ce ne feront pas des Juges qui raisonneront
ainsi : un Peuple mal instruit pourroit avoir seul
ces pensées : c'est à ce Peuple qu'on va répondre.

» Des coupables éviteront-ils la peine? » Mais
premierement, sur quoi les jugez-vous coupa-

____

(a) In verbo *Formalités en Matiere Criminelle.*
(b) *Liv. 6, Chap. 2.*

B

bles : ils ne font pas convaincus , puifque les preuves que vous leur oppofez ne font pas revêtues
des formes de la Loi. Secondement , le Magiftrat tient de la Loi feule le droit de punir : autrement il eft foumis comme les autres hommes au
précepte Divin *tu ne tueras pas*. Le Magiftrat ne
peut donc punir que quand la Loi le lui permet :
mais la Loi ne le lui permet , que fur des preuves
dont elle a réglé la forme : il ne peut donc punir
que fur des preuves qui foient revêtues de cette
forme. Troifiemement , il ne faut pas fe parer de
zele pour la Société : la Société défavoueroit ce
zele , elle en feroit épouventée : elle fçait trop
que la fûrété & la liberté d'un chacun tiennent à
l'exacte obfervation de ces formes.

Et n'envions pas aux Prévenus ce foible avantage : ils le payent par des défavantages fi réels.
La preuve ne s'ordonne en matiere Civile, qu'a-
près que les faits ont été admis en contradictoire
défenfe : la Partie voit prêter le ferment aux Témoins : leur nom lui eft communiqué, pour qu'elle puiffe chercher des objets : l'Enquête lui eft fig-
nifiée, elle a le temps d'étudier, méditer ce qu'elle contient : elle eft reçue enfin à faire une Enquête contraire.

En matiere criminelle , l'Information fe fait
fans que le Prévenu en ait connoiffance , la néceffité l'exige ainfi : le nom des Témoins ne lui eft
pas communiqué d'avance , il faut qu'il les objecte
fur le champ lors des confrontations : les dépofitions ne lui font pas communiquées non plus, il ne
connoît que ce qu'il en peut faifir dans une lecture
rapide : il fe trouve enfin déja convaincu ,
lorfqu'on l'admet à propofer des faits juftificatifs.

Que de contrainte & de rigueur : pour com-
penfer tous ces défavantages , il étoit bien jufte ,

que cette même Procedure fût assujettie à des regles étroites : pourroit-on donc envier aux Prévenus ce foible secours ?

Nullité ou Réjection du premier Procès-Verbal de Descente.

L'Ordonnance de 1670 porte tit. 4. art. 1. » » Les Juges dresseront *sur le champ & sans déplacer*, » Procès-verbal de l'état auquel seront trouvées » les personnes blessées ou le corps mort : ensem- » ble *du lieu* ou le délit aura été commis, & de » tout ce qui peut servir pour la décharge ou la » conviction.

Deux moyens de nullité ou de réjection invincibles, résultent de la disposition de cet article.

Premierement, le Procès-verbal doit être dressé sur le *champ* & sans *déplacer*. On raconte bien que celui en question est daté de la Maison des sieurs Calas : mais ils ont donné Requête pour s'inscrire en faux contre cette énonciation : & cette Requête n'est pas rejettée, elle demeure à juger. Il sera prouvé par les Témoins les plus dignes de foi, que ce Procès-verbal fut dressé à l'Hôtel de Ville.

Pourroit-on ne pas écouter cette demande des Exposans. Un Arrêt du Parlement de Paris du 7. Septembre 1740, reçut l'Inscription en faux, contre la Minute d'un Arrêt rendu il y avoit soixante-treize ans & qui avoit été exécuté. En vain Me. Cochin qui plaidoit dans la cause (*a*) fit les plus grands efforts; "les Arrêts, disoit-il, sont » délibérés dans le secret le plus profond : ils sont » rédigés sous les yeux du Chef de la Compagnie » & du Rapporteur, qui l'un & l'autre les signent ; » & ils ne sortent de leurs mains, que par le dépôt

(*a*) Tom. 5. p. 125.

,,qu'ils en font dans des Archives confiées à des
,, Miniftres, dont en quelque maniere le Tribunal
,, eft garant. Former une Infcription de faux con-
,, tre les Monumens refpectables que renferme le
,, dépôt du Greffe, c'eft attaquer la foi qui eft due
,, à la Juftice même & à fes oracles ; c'eft faire de
,, l'azyle de la vérité, le féjour de l'impofture &
,, du menfonge. Qu'y aura-t-il de facré, fi une
,, autorité fi refpectable n'eft point à l'abri de l'in-
,, fulte que renferme un foupçon fi odieux,, ? Toute
cette éloquence fut inutile, l'Infcription en faux
fut reçue, parce que la voie du faux emporte les
titres les plus folemnels.

L'Ordonnance auroit établi bien inutilement
des formalités, fi cette voie de Droit n'étoit pas
ouverte aux Prévenus : un Magiftrat auroit méprifé ces formalités, & des prévenus périroient,
parce qu'il auroit plu à ce Magiftrat d'énoncer qu'il
les a obfervées. Il doit être permis d'attaquer par
le faux les Actes fur-tout qui font dreffés fans
contradicteur. Voilà la premiere nullité.

Secondement, l'Ordonnance veut que le Verbal
ait été chargé de tout ce qui peut fervir à la décharge & conviction.

Marc-Antoine Calas a été trouvé fans vie ; il
étoit mort de mort violente ; trois penfées pouvoient s'élever là-deffus : Marc-Antoine Calas
pouvoit s'être défait lui-même : des étrangers
pouvoient lui avoir donné la mort : ce pouvoit
être auffi les gens de la maifon. Le Verbal en
queftion eft-il chargé de ce qui pouvoit décider
entre ces objets ?

Pour fçavoir fi Marc-Antoine Calas ne s'étoit
pas défait lui-même, il falloit vérifier la corde
& le billot : méfurer la hauteur de la porte, fa largeur : voir en quel état elle fe trouvoit, fi les bat-

tans n'étoient pas rapprochés , & si le billot n'étoit
pas assez long pour tenir sur ces deux battans
rapprochés : si ce malheureux portoit sur son
corps ou sur son linge quelques marques de résistance & de combat : en particulier si sa cheve-
lure étoit dérangée.

Pour sçavoir si des étrangers n'auroient pas
commis cet attentat , il falloit fouiller dans toute
la maison ; les coupables pouvoient être cachés
dans quelque réduit.

Pour connoître enfin si le crime auroit été
commis par les gens de la maison, il falloit rendre raison de leur contenance , de leurs mouvemens : étoient-ils troublés, étoient-ils effrayés ,
présentoient-ils au contraire les marques d'une
vraie douleur , avoient-ils des traces de désordre
dans leur linge, leur coëffure ou sur leurs habits ?

Une voix s'éleve de la rue en ce moment, qui
crie que les Calas ont fait mourir leur fils & leur
frere, en haine de ce qu'il vouloit embrasser la
Religion Catholique. Il falloit monter à la chambre du défunt vérifier ses Papiers & ses Livres :
voir si l'on trouveroit au moins un Livre de Prieres Catholique.

Rien de tout cela n'est porté dans ce Procès-
Verbal : au lieu d'y avoir rendu compte de tout
ce qui pouvoit servir pour la décharge ou la conviction, tout y a été négligé : le vœu de l'Ordonnance n'est donc pas rempli , & par conséquent
on ne peut pas avoir égard à cette piece.

» L'Ordonnance, dira-t-on , ne prononce pas
» la peine de nullité ou de réjection. » Il s'ensui-
vroit de-là que rien ou presque rien n'obligeroit
à peine de nullité dans l'Ordonnance civile ou criminelle : en effet il y a à peine trois ou quatre articles, dans chacune de ces Ordonnances, où la

peine de nullité foit déclarée par exprès. La nullité eft de droit en ce cas ; car un Verbal non
revêtu de la forme que la Loi a prefcrite, pour-
roit-il être adopté par les Miniftres de la Loi ? Il
réfulte encore de cela, que le Magiftrat qui a
procédé à ce Verbal a agi fans pouvoir, puifque
la Loi ne lui donnoit ce pouvoir qu'à des conditions qu'il n'a point obfervées.

NULLITÉS OU RÉJECTION
du premier Rapport des Médecins
& Chirurgiens.

Un moyen fimple & de Droit naturel, qui ne
pourroit point être méprifé fans inhumanité, rend
réjettable ce rapport & ne permet point d'y avoir
égard : les Experts qui y ont procédé n'ont point
été récolés & confrontés aux Prévenus : les principes, l'ufage, la jurifprudence & la décifion des
Auteurs établiffent également ce moyen.

Les principes font bien fimples. Des Témoins
doivent être récolés & confrontés aux Prévenus :
comment des Experts ne devroient-ils pas l'être ?
Les uns & les autres font de vrais Témoins : les
uns dépofent qu'ils ont vu ou entendu ; les autres
dépofent qu'ils apperçoivent par les regles de leur
Art.

Il y a même plus lieu de récoler & confronter
des Experts, parce qu'il y a plus d'incertitude de
leur part que de la part des Témoins : les uns parlent d'après des conjectures, les autres d'après le
rapport des fens, dont le jugement eft infiniment
plus fimple & plus fûr : les uns difent j'ai vu, j'ai
entendu, les autres difent je crois voir par mes
combinaifons. Quoi ! des Témoins qui parlent

d'après le rapport des sens, seroient soumis à une épreuve en faveur du prévenu ; & des Experts, dont le jugement est établi sur de simples conjectures, seroient affranchis de cette épreuve. Ce qui est certain de soi seroit soumis à une épreuve : & ce qui est incertain de sa nature n'y seroit pas soumis ?

Enfin on ne jugeroit pas sur un rapport en matiere civile, sans que la partie eût été mise à même d'objecter les Experts, & de critiquer leur rapport. Or la voie civile & la voie criminelle ne différent que pour la forme : au lieu qu'en matiere civile l'on signifie le nom des Experts, que leur rapport se signifie aussi, on ne signifie rien en matiere criminelle : voilà la différence. Mais ces deux voies ne différent pas dans le fonds ; & dans l'une comme dans l'autre, la partie ne peut point être chargée qu'on ne lui ait fait connoître ceux qui la chargent, & qu'on ne l'ait mise vis-à-vis d'eux pour lui donner le moyen de les réfuter, & de justifier par-là son innocence. Voilà les principes.

Tel est aussi l'usage & la jurisprudence. Jusqu'à ce jour, l'Hôtel de Ville avoit toujours pratiqué de récoler en leur rapport les Médecins & Chirurgiens & de les confronter avec les prévenus. Un Arrêt de la Cour du 25 Avril 1752, entre Me. Palhols & les Sieur & Demoiselle Domergue, jugea aussi que cela étoit indispensable : en ordonnant que l'inquisition commencée, seroit continuée, il fut ordonné qu'il seroit procédé au récolement & confrontation des Médecins & Chirurgiens.

La doctrine des Auteurs est conforme à cela. Un célèbre Interprete sur la Loi derniere ff. de *quæst.* (a) dit n. 2, que le premier devoir du Juge,

(a) *Barthole.*

après qu'il est instruit d'un délit, est d'envoyer un Officier sur les lieux pour visiter le cadavre & ses blessures, *ad videndum hominem mortuum & vulnera.* Le Juge fait ensuite, dit-il, une maniere d'inquisition générale, pour découvrir par qui ce délit peut avoir été commis. Lorsque cette inquisition générale lui a fait naître un juste soupçon, il commence une inquisition propre & spéciale contre la personne soupçonnée. L'Auteur demande ensuite, n. 9, si ce qui a précédé cette inquisition spéciale, la visite du cadavre, les dépositions reçues dans l'inquisition générale, peuvent être objectés au prévenu : il déclare que non *non præjudicant reo.* Par quelle raison ? parce que rien de tout cela n'a été examiné avec le prévenu, *ipso citato & existente contradictore.* Tous les autres Interpretes ont embrassé la même doctrine. (a)

La disposition des Ordonnances a achevé de consacrer cette vérité. Dans tous les cas où un rapport d'Experts doit servir en matiere criminelle, il faut qu'ils aient été récolés & confrontés au prévenu. L'Ordonnance de 1670, tit. 8, prévoyant que des écritures & signatures privées pourroient servir à la preuve du crime, ordonne que ces écritures & signatures soient représentées aux accusés. Si l'accusé refuse de les reconnoître, les Juges ordonneront qu'elles seront vérifiées par des Experts : suivant l'art. 12, ces Experts doivent être ouis, récolés & confrontés, comme les *autres* Témoins. Dans l'article 16 du titre 9, les Experts qui jugent du faux doivent être pareillement récolés & confrontés : & la Déclaration de 1737 concernant le faux, a renouvellé cette disposition.

(a) Julius-Clarus en sa Pratique Criminelle *lib.* 5, §. *fin.* q. 50 n. 4, où il cite tous ceux qui l'ont précédé.

Le rapport en question ne peut donc pas être
opposé aux Expofans, dès que les Médecins &
Chirurgiens qui y ont procédé n'ont pas été récolés & ne leur ont pas été confrontés : des Principes certains, le Droit naturel, la Jurifprudence & l'Ufage, la doctrine des Auteurs & la difpofition des Ordonnances, ne le permettent pas.
On ne peut pas réfifter à une vérité auffi établie,
& fi précieufe pour l'humanité.

Mais il s'éleve encore deux moyens de nullité
contre ce rapport.

Premierement, l'art. 2 du tit. 5 de l'Ordonnance de 1670, exige, comme pour les Procès-
Verbaux des Juges, que ces rapports foient dreffés
& fignés fur le champ : il faudroit par conféquent
que le rapport en queftion eût été dreffé & figné
par les Médecins & Chirurgiens, dans la maifon
où le Cadavre de Marc-Antoine étoit étendu,
il a été dreffé le lendemain.

Secondement, ces rapports doivent fe faire en
vertu d'une Ordonnance de Juftice. » Les Parties
» civiles peuvent, dit l'art. 1, fe faire vifiter ou
» faire vifiter les Cadavres par Médecins & Chi-
» rurgiens. Pourront néanmoins les Juges, con-
» tinue l'article 2, ordonner une feconde vifité
» par Médecins ou Chirurgiens nommés d'office.
Il faut par conféquent, pour ces rapports d'office,
qu'il foit intervenu une Ordonnance de Juftice.
Dans les formules de ces fortes de rapports que
les Criminaliftes ont données (a), il eft toujours
fait vu de l'Ordonnance de Juftice : « Nous.....
» en vertu de l'Ordonnance de M..........
» du..........

Or y a-t-il eu une Ordonnance de Juftice pour
procéder à ce rapport ? Les Capitouls rendent-ils

______

(a) *Lacombe en matiere criminelle*, p. 319.

C

des Ordonnances hors du Confiftoire , & fans être délibérées par le Confiftoire ? Par qui d'ailleurs cette Ordonnance auroit - elle été requife ? Le Capitoul qui fit la defcente n'étoit point accompagné du Procureur du Roi. Enfin on n'avoit pas un Huiffier fous la main pour la faire fignifier aux Médecins & Chirurgiens. Le Capitoul qui avoit fait la defcente trouva à propos de faire vifiter le Cadavre : il manda verbalement un Médecin & un Chirurgien : un Soldat porta fes ordres : voilà toute la formalité qui a été obfervée.

RÉJECTION ET NULLITÉ
du Rapport fait le 15 Octobre.

Le moyen de réjection libellé contre le rapport précédent , de ce que les Médecins & Chirurgiens , auteurs de ce rapport , n'ont pas été récolés & confrontés avec les Prévenus , s'applique pareillement à celui-ci.

Mais il y a contre ce rapport deux moyens de nullité propres & particuliers.

Le premier , de ce que l'Ordonnance de 1670, au titre cité art. 2 , ne permet au Juge d'ordonner qu'une vifite *unique*. On vient de mettre fous les yeux de la Cour la difpofition de ce titre. » Les Parties, dit l'art. 1 , peuvent d'elles-mêmes » faire procéder à une vifite. Pourront néan- » moins les Juges , continue l'art. 2 , ordonner » une feconde vifite.

Cette vifite qu'il eft permis aux Juges d'ordonner , n'eft appellée *feconde* par cet article , que parce que l'Ordonnance fuppofe que les Parties en ont fait faire auparavant une autre : mais c'eft relativement au Juge une *premiere* vifite , puifque c'eſt la premiere qu'il ordonne. Or l'Ordonnance ne permet pas au Juge d'en ordonner d'autre que celle-là. Il n'eſt donc pas permis d'en ordonner enſuite une nouvelle.

Il faut le redire : le Magiſtrat tire de la Loi ſon pouvoir. Or la Loi ne lui permet d'ordonner dans ces préliminaires, qu'une viſite unique : il n'a donc pas le pouvoir d'en ordonner deux. Si la premiere a été imparfaite, que le Juge s'en prenne à lui : tout ce qui lui étoit permis à cet égard, dans ce préliminaire de l'accuſation, ſe trouve rempli.

Le ſecond moyen de nullité eſt pris de ce que le Chirurgien, auteur de ce Rapport, a excédé ſa commiſſion, ou s'il ne l'a pas excédée, il fut nommé mal-à-propos pour ſeul Expert. Ce Chirurgien fait l'ouverture de l'eſtomac du Défunt ; il examine le reſte des alimens qui y réſidoient, il diſſerte ſur les regles phyſiques de la digeſtion, & juge que ces alimens devoient avoir été pris depuis trois ou quatre heures. On a voulu conclure de ce Rapport qu'il n'étoit donc pas vrai que Marc-Antoine Calas eût ſoupé avec ſa famille.

S'il n'étoit pas mandé à ce Chirurgien de juger, ſur l'inſpection des matieres qui ſeroient dans l'eſtomac, à quelle heure Marc-Antoine Calas auroit pris ſes derniers alimens ; ce Chirurgien a excédé ſon mandat, & par conſéquent ſon Rapport eſt nul. S'il lui étoit mandé de comprendre cela dans ſon Rapport, l'Ordonnance eſt nulle ; il ne devoit pas être commis ſeul pour ce ſujet, parce que de juger des effets phyſiques de la digeſtion appartient à la ſcience de la Médecine, & n'eſt point du reſſort d'un Chirurgien. L'état du Chirurgien eſt borné à la connoiſſance de l'Ana-tomie & aux opérations de la main : des combi-naiſons phyſiques ſont au-deſſus de ſon Art ; c'eſt comme fi le Jugement d'une queftion de Droit étoit renvoyée à un Praticien.

Appel comme d'abus de l'Obtention du Monitoire.

Cet Appel comme d'abus eft refervé expreffément par l'Arrêt : par conféquent il pend à juger.

Le moyen d'abus eft pris de ce que ce Monitoire a été accordé par les Vicaires-Généraux, au lieu que cela regarde l'Official.

L'Ordonnance de 1670, tit. 7, art. 2, porte : » enjoignons aux Officiaux d'accorder les Moni- » toires que le Juge aura permis d'obtenir. » C'eft donc aux Officiaux d'accorder les Monitoires.

Telle eft la Jurifprudence du Royaume. » C'eft, » dit Me. Lacombe, dans fon Dictionnaire Cano- „nique, page 418, au feul Official, ou autre Juge „de la Jurifdiction Eccléfiaftique contentieufe, à „accorder les Monitoires, non à l'Evêque ou fes „Grands-Vicaires : finon il y auroit abus dans »cette obtention.

L'Auteur des Notes fur Fevret, tom. 2, pag. 24. "Mon avis eft, dit-il, qu'en France les Evé- „ques font obligés d'accorder l'exercice de ce „ pouvoir à leurs Officiaux, & ne peuvent point „ l'exercer eux-mêmes. Il donne pour raifon, que „ l'Excommunication eft, fuivant Panorme, du for „contentieux.

L'Auteur des Mémoires du Clergé, t. 7 : après avoir remarqué, que le Concile de Trente attribue aux Evêques le pouvoir d'accorder les Monitoires, que des Conciles Provinciaux communiquent ce pouvoir à leurs Vicaires-Généraux : déclare page 1040 & 1041, que les Ordonnances du Royaume & les maximes des Cours féculieres ne font conformes en ce point, ni à la discipline du Concile de Trente, ni aux Décrets des Conciles Provinciaux ; & que ce pouvoir est jugé appartenir aux Officiaux seuls, conformément à l'Ordonnance de 1670.

Il a été pris, il est vrai, des Lettres d'Attache de l'Official dans le cours du Monitoire. La nullité de s'être adressé aux Vicaires Généraux a été bien reconnue : par-là ce soin tardif peut sauver ce qui a suivi ces Lettres Monitoriales : mais ce qui a précédé demeure nul, & les révélations ont été mal & abusivement reçues.

NULLITÉ DES DÉPOSITIONS
qui ont été faites à l'occasion de ces révélations.

Rien n'est, prétend-on, plus frivole : que le Monitoire ait été abusif & nul, s'il a fait connoître des Témoins, leurs dépositions ne subsisteront-elles pas ?

Non, elles ne subsisteront pas. L'Ordonnance, Tit. 7, Art. 3, porte, "à peine de nullité, „tant des Monitoires, que de ce qui aura été „fait en conséquence. Cela démontre que les dépositions qu'un Monitoire nul peut avoir provoquées, tombent avec ce Monitoire.

Sur le même principe, l'aveu du Prévenu à la Question est annullé & ne fait point de preuve contre lui, si le Jugement qui l'a condamné à la Question se trouve nul. (*a*) Pourquoi cet aveu du Prévenu est-il annullé, & ne fait-il point de preu-

____

(*a*) *Si confessio facta sit in tormentis & servata non fuerint servanda, talis confessio est ipso jure nulla, nec potest confessus ex illa condemnari. Julius-Clarus, prac. crim. Lib. 5, §. fin. q. 55 n. 14;* il cite une foule d'Auteurs.

ve ? C'eſt qu'il a été *provoqué* par une Procédure nulle. Les dépoſitions de ceux qui ont révélé en conſéquence d'un Monitoire, ou ont été *provoquées* par ce Monitoire : par la même raiſon donc elles doivent être annullées, & ne faire aucune foi, ſi le Monitoire qui a donné lieu à ces dépoſitions ſe trouve nul.

Une autre raiſon rend nulles ces dépoſitions. Les Témoins révélans ont été aſſignés à l'Hôtel-de-Ville : Meſſieurs les Gens du Roi ont en main les Exploits, ils ne refuſeront pas de les joindre à la Procédure. Si des Témoins ordinaires avoient été aſſignés en cette forme, il eſt bien certain que leurs dépoſitions ſeroient nulles : un Témoin ne doit pas aller chercher l'aſſignation, il doit l'attendre. Un Monitoire change-t-il rien à cela ? Les Auteurs diſent au contraire, que pour faire ouir les Témoins révélans, il faut obſerver la même Procédure (*a*) que dans une Information ordinaire. Un Témoin doit ſouhaiter de n'être pas interpellé : il doit conſerver le même deſir, après que la crainte des Cenſures l'a forcé de révéler : il doit attendre par conſéquent qu'on le vienne ſommer, content & ſatisfait ſi on l'oublie, ſi on ne prend pas garde qu'il a révélé, & il ſe rend ſuſpect, indigne de foi, s'il en uſe autrement.

Que ſi on ſuppoſoit, pour un inſtant, qu'un Monitoire pût autoriſer cette forme de procéder, les dépoſitions de ces Témoins ne ſubſiſteroient donc qu'autant que le Monitoire ſubſiſteroit : ôtez ce Monitoire, ces dépoſitions n'ayant plus ce fondement, il faut qu'elles ſe trouvent valables en la forme ordinaire : cela juſtifie de plus en plus, que ces dépoſitions doivent tomber, ſi le Monitoire eſt emporté.

(*b*) Ferriere *in verbo* Monitoire.

NULLITÉ DU SECOND
Verbal de Defcente.

Le premier Moyen de nullité eft pris de ce que l'Ordonnance de 1670 , Tit. 4, ne permet aux Juges qu'une Defcente *unique*. On les avertit qu'il a été commis un délit, ils fe tranfportent & dreffent leur Procès — verbal. Voilà ce que l'Ordonnance leur permet. Elle prétend fi peu qu'ils puiffent faire [une nouvelle defcente, qu'elle leur ordonne de comprendre dans ce premier Verbal, tout ce qui a rapport à l'action, & tout ce qui peut fervir à la décharge ou à la conviction. Si ces Officiers ont fait un Verbal imparfait, c'eft leur faute , & il s'enfuit de-là feulement que ce premier Verbal fera caffable : mais le pouvoir que l'Ordonnance leur donnoit à cet égard eft fini ; & ce n'eft plus qu'en jugeant le Procès , qu'il pourra être ordonné de nouvelles Defcentes & toutes les autres efpeces d'interlocutoire qui paroîtront néceffaires.

Le fecond Moyen contre ce Verbal eft pris comme contre le premier , de ce qu'on n'y a pas inféré tout ce qui pouvoit fervir pour la décharge. Il n'y a qu'à voir en effet fi ce Verbal raffemble les objets dont on a fait le détail en impugnant le Verbal précédent. Mais il fe trouve quelque chofe de particulier par rapport à celui-ci. On monta pour lors à la chambre du Défunt, on ouvrit l'Armoire qui fervoit à fon ufage, on vifita fes Livres & fes Papiers ; & après les avoir parcourus, le tout fut remis aux Demoifelles Calas, pour l'emporter à leur nouveau logement , fans faire mention dans ce Verbal de ce qu'on avoit trouvé.

L'accusation portoit sur le fondement que Marc-Antoine Calas étoit converti. Il est aisé de conclure qu'on visita ses Papiers & ses Livres, pour voir s'il s'en trouveroit qui eussent rapport à la Religion Catholique, & à son prétendu changement. Il est aisé de conclure aussi qu'il ne se trouva rien de pareil, de-là que ce Procès-verbal n'en fait pas mention. Mais puisque l'Ordonnance oblige d'observer ce qui peut servir pour la décharge, comme ce qui peut servir pour la conviction, pourquoi n'avoir pas fait mention dans ce Verbal de cette visite de Papiers & de Livres, & qu'il ne s'étoit rien trouvé qui eût rapport à la Religion Catholique, qui annonçât que Marc-Antoine Calas se fût converti? Un nouveau converti n'auroit eu ni des Heures, ni un Chapelet, ni un Crucifix?

Il a été libellé d'autres nullités contre la Procédure, dans des Requêtes qui ont été fournies: ils sont si simples, & exigent si peu de discussion, qu'on n'en a pas voulu surcharger ce Mémoire, que tant d'autres objets ne le rendront que trop long.

Examen de l'Accusation au Fonds.

,, Marc-Antoine Calas a péri de mort violente.
,, Il ne s'est pas pendu, dit-on, la chose est im-
,, possible; d'ailleurs on l'a entendu criant à neuf
,, heures & demie, on m'assassine, on m'étran-
,, gle; par conséquent il a péri par des étrangers,
,, ou par sa famille. Mais comment des étrangers
,, auroient-ils attenté sur lui? Il est convenu que la
,, porte de la maison fut fermée à sept heures un
,, quart, & qu'elle l'étoit encore quand Marc-
,, Antoine Calas fut trouvé mort à neuf heures &
demie,

,,demie, ou neuf heures trois quarts ; il faut
,,donc que l'attentat ait été commis par sa fa-
,,mille.

,,Il existe d'ailleurs de puissans indices contre
,,ses Parens : il avoit abandonné la Religion Pro-
,,testante ; il devoit faire son abjuration le lende-
,,main. Le Pere a été entendu, menaçant son
,,Fils de lui ôter la vie, ou parlant de la lui
,,ôter. Louis Calas, un des freres de Marc-An-
,,toine, qui s'est converti à la Religion Catholi-
,,que, a été maltraité en haine de son change-
,,ment : il a été forcé de se retirer de la Maison,
,,il n'y auroit pas eu de sûreté pour lui à y rester
,,ou à y rentrer. Enfin les Prévenus ont dit un
,,mensonge, en prétendant que Marc - Antoine
,,Calas avoit soupé avec eux à sept heures &
,,demie : un Chirurgien ayant été appellé pour
,,ouvrir l'estomac du Défunt, & vérifier les ma-
,,tieres qui s'y trouveroient, il a rapporté que
,,Marc-Antoine Calas n'avoit point mangé de-
,,puis le dîner ou depuis l'après-midi : aussi les
,,Prévenus ne sont-ils pas d'accord entr'eux sur
,,les circonstances de ce soupé.

Tout cela n'est qu'un tissu de fables ou de fausses
conjectures.

Est-il impossible que Marc-Antoine Calas se soit pendu ?

Les Exposans ont rendu à la nature ce qu'ils
devoient : ils ont voulu sauver l'honneur de la
mémoire d'un fils & d'un frere : un intérêt plus important, & dont la Religion leur fait un devoir,
la conservation de leur vie, leur honneur &
celui de leur Famille leur impose l'affligeante,

D

mais juste nécessité de ne rien négliger pour manifester l'affreux mystere.

Non – seulement il n'est pas impossible que Marc – Antoine Calas se soit pendu, mais rien n'est au contraire plus constant.

Il faut tenir d'abord pour certain, qu'il *n'a pas été étranglé*, qu'il est *mort par suspension*, qu'il est mort pendu. Que la Cour & le Public veuillent bien s'appliquer à l'examen de quelques circonstances simples ; tous seront bientôt convaincus.

1°. Les Auteurs du Monitoire, supposent eux-même que Marc-Atoine Calas peut avoir péri de cette maniere, puisque le cinquieme Chef est dirigé » contre tous ceux qui sçavent que Marc-An- » toine Calas fut étranglé . . . *ou* PENDU . . . qu'il » fut mis à mort par *suspension* ou torsion.» Cela est supposé aussi dans les interrogatoires de l'Hôtel de Ville ; puisqu'il est demandé à Pierre Calas, « si » sa famille n'avoit délibéré de faire mourir Marc- » Antoine, & s'ils n'avoient exécuté ce projet le 13 » Octobre *en le pendant* ou étranglant. Et les voisins (*a*) accourus au bruit, en porterent le même jugement à la vûe du Cadavre.

2°. Les Médecins & Chirurgiens, auteurs du premier Verbal, ont dit expressément, après avoir examiné l'état extérieur du Cadavre, qu'il étoit mort suspendu.

3°. Si Marc-Antoine Calas avoit été étranglé, l'impression de la corde seroit horisontale dans *toute la circonférence du cou* : cependant l'impression de la corde n'occupe que la partie antérieure du cou.

4°. Après avoir parcouru la partie antérieure du cou, l'impression de la corde remonte le long

____

(*a*) *Les sieurs Delpech & le sieur Brousse.*

des oreilles, d'où elle aboutit au sommet de la tête. N'est-ce pas le tableau de ceux qui meurent par suspension ?

5°. Dans le même cas que Marc - Antoine Calas auroit été étranglé, le nœud coulant avec lequel il auroit été étranglé, auroit fait une équimose ou meurtrissure au derriere du cou, ou dans quelqu'autre partie du cou : il est déclaré cependant, par les Médecins & les Chirurgiens, qu'il ne se trouva aucune meurtrissure dans aucun endroit de son corps.

6°. De la grosseur dont est la corde, on ne seroit parvenu à étrangler Marc - Antoine Calas qu'en le *billotant* ; aussi ceux qui prétendent qu'il a été étranglé, ne manquent pas d'ajoûter qu'il a été *billoté*. Si Marc-Antoine Calas avoit été billoté, la corde se seroit tordue : or la corde a été trouvée *sans torsion*. Dira-t-on qu'elle s'étoit détordue par élasticité, après l'opération ? Cette corde est remise au Greffe de la Cour ; il n'y a qu'à la tordre, & voir si elle se rétablit dans son premier état : elle est lâche & molle, par conséquent incapable de cet effet élastique.

7°. Quelqu'un qui a été étranglé, bave encore après sa mort, sa langue déborde les dents & les lévres : il ne s'est trouvé rien de pareil, puisque lesExperts n'en ont pas fait mention : Marc-Antoine Calas n'a donc pas été étranglé : il est mort étouffé, & par conséquent il est mort pendu.

8°. Des cheveux se sont trouvés attachés au billot, à l'endroit où la corde étoit roulée : par conséquent le sommet de la tête a frotté contre le billot : cela seul démontreroit que Marc-Antoine Calas est mort pendu. Qu'on se mette en effet la chose sous les yeux, on sera convaincu qu'en bil-

lant Marc-Antoine , jamais le milieu du billot
ne se feroit chargé de cheveux.

9°. Le sieur Calas Pere, le Fils & le sieur Lavaysse , attestent unanimement qu'ils ont trouvé
Marc-Antoine Calas pendu. Cette uniformité seule établiroit encore que cet infortuné a péri de
cette maniere.

» Ce discours a été concerté, dira-t-on, entre ces
» trois Prévenus. »

Pourquoi donc les sieurs Calas & le sieur Lavaysse ont-ils dit au contraire , chacun dans
leur interrogatoire d'office , qu'ils avoient trouvé le Cadavre à terre ? Quoi ! ils auront concerté de dire pour leur décharge, que Marc-Antoine Calas étoit mort pendu : & ce qu'ils avoient
concerté de dire, c'est ce qu'aucun n'aura dit, &
ils auront dit tous le contraire ? Ils se seront ap-
pliqués à cacher que Marc-Antoine Calas fût
mort de cette maniere, & il y auroit eu une convention entr'eux de supposer ce genre de mort ?
Cela répugne trop à la droite raison.

Il faudroit supposer donc que les sieurs Calas
& le sieur Lavaysse fils se fussent concertés depuis cet interrogatoire d'office. Mais, premierement , on sçait avec quelle rigueur tous ces
Accusés ont été veillés , avec quel soin on a prévenu toute communication entr'eux. Secondement, si cela avoit été convenu entr'eux , avant
d'avoir été conduits à l'Hôtel-de-Ville ou depuis, la mere & la servante n'auroient-elles pas
été mises de ce concert ? il étoit assez important pour leur salut commun, qu'ils concourussent
tous à établir cette vérité. Cependant la mere
& la servante ont toujours dit, qu'elles ne sçavoit rien du genre de mort de Marc-Antoine

Calas. Ce que le pere, le fils & le sieur Lavaysse en avoient fait un mystere à une mere ;
il falloit ménager son cœur : qu'ils en avoient
fait aussi un mystere à la servante, fille il est vrai
religieuse & fidele, mais elle étoit femme, vieille
& domestique : ainsi il étoit mieux que cet horrible secret ne lui fût pas révélé. Voilà pourquoi
la mere & la servante ont ignoré que Marc-
Antoine Calas fut trouvé pendu. Mais, quoiqu'il en soit, cela ne démontre-t'il pas plus clair
que le jour, qu'il n'y a point eu de concert à cet
égard entre le pere & le fils & le sieur Lavaysse ;
puisqu'il ne peut pas être imaginé que la mere
& la servante étant comprises, comme eux, dans
la cause, le pere, le fils & le sieur Lavaysse,
ne les eussent pas mises de cette convention.

» Mais vous avez dit dans l'interrogatoire d'of-
» fice, que vous aviez trouvé le Cadavre à terre.

On en a expliqué la raison ; le pere avoit prié
son fils de cacher la maniere funeste dont Marc-
Antoine Calas étoit mort : le fils accourut chez le
sieur Cazeing, où il avoit trouvé le sieur Lavaysse, & lui avoit fait à son tour la même priere.
Quand ils virent qu'on leur imputoit cette mort,
un intérêt plus puissant les obligea de mettre à
bas tout déguisement, & de conter l'horrible
histoire.

» Il faut s'en tenir, ajoute-t'on, à votre pre-
» mier discours.

C'est à la vérité qu'il faut s'en tenir. Ce pere,
ce fils, cet étranger ont fait sans doute une faute
d'avoir déguisé les choses dans l'interrogatoire
d'office : quoiqu'une faute qu'a dictée l'humanité mérite bien quelque indulgence : un pere
accuser son fils, un frere son frere, un ami son

ami avec qui il venoit de fouper ? Mais que la faute foit auffi grande qu'on voudra, eft-il moins certain que fi le *fecond récit* eft le vrai, il faut s'en tenir à ce fecond récit. Or d'un côté, les circonftances qui prouvent que Marc-Antoine Calas eft réellement mort pendu : de l'autre, l'impoffibilité de fuppofer que le père, le fils & le fieur Lavayffe fe foient conciliés pour ce fujet, démontrent, à n'en pouvoir douter, que ce *fecond récit* eft le feul qui foit vrai.

Il fuffiroit même de fimples préfomptions pour faire prévaloir ce fecond récit : *judex perpendere debet quænam eft magis probabilis* : (a) quando conjecturæ effent. (b)

De fimples préfomptions fuffiroient donc pour faire prévaloir le récit en queftion.

Or voici deux préfomptions bien puiffantes. Il eft naturel qu'un pere, un frere, un ami aient voulu cacher l'horrible difgrace d'un fils, d'un frere & d'un ami : on ne rifque pas de fe tromper, en jugeant de la conduite des hommes fur les fentimens que la nature infpire : voilà la premiere préfomption. La feconde eft encore plus forte. On fuppofe les Expofans coupables : on prétend les convaincre par la circonftance, que le Cadavre de Marc-Antoine Calas ait été trouvé à terre. Des coupables n'auroient pas été affez imprudens pour décéler ce qui devoit les faire condamner : donc jamais ces prévenus n'auroient dit, s'ils étoient coupables, que le cadavre fut trouvé à terre. Il faut conclure donc de ce qu'ils ont dit dans l'interrogatoire d'office, qu'ils étoient

(a) Bornier fur Ranchin in verbo *teftis*, *art.* 41.
(b) Rebuffe *de reprob.* teft. n. 145, *in fine.*

réellement innocens ; mais si les Exposans sont innocens , peut-on ne pas les en croire sur les détails où ils sont entrés dans la suite ?

C'est trop peu : il est certain qu'il ne peut point absolument être pris droit de cet interrogatoire d'office. On a observé plus haut la distinction des Auteurs entre une Inquisition générale , dans laquelle on suit le crime, avant qu'il y ait aucun prévenu ; & l'Inquisition qui s'appelle spéciale lorsqu'il y a actuellement un prévenu. Suivant les Auteurs tout ce qui s'est fait dans cette Inquisition générale est reputé extrajudiciaire, *non continet formam judicii.* (*a*) Il est évident, en effet, qu'il n'y a pas encore d'instance, puisqu'il n'y a point de partie. Or , suivant les mêmes Auteurs , même une confession formelle du crime ne lie pas, si elle a été faite extrajudiciairement (*b*). Il faut que la personne aie persévéré dans cette confession , après la prévention formée par un Décret , & lorsqu'elle est interrogée juridiquement sur ce Décret.

Les Témoins même peuvent varier jusqu'au récolement , & le prévenu n'aura pas la liberté de rectifier ses discours ? Pourquoi le Témoin peut-il varier jusqu'au récolement ? parce que l'instance ne commence qu'au Décret ; qu'ainsi l'information n'est pas proprement un Acte judiciaire , que la vraie déposition judiciaire commence au récolement. Par la même raison un interrogatoire d'office n'est pas proprement un Acte judiciaire , & celui qui est rendu après le

(*a*) *Balde sur la Loi* 13 *,* cod. de prob.
(*b*) *Julius-Clarus en sa Pratiq. Crimin. lib.* 5 *, §. fin. q.* 55 *; n.* 1 *& 2.*

Décret a seul ce caractere ; c'est donc celui-là seul qui doit lier, & il est permis de changer & se réformer jusques alors.

Enfin la Justice ne doit pas être un piege : elle l'auroit été, si on pouvoit se prévaloir contre les Exposans de ce qu'ils ont dit dans un moment, où n'étant ni prévenus ni accusés, & n'imaginant pas qu'il fût question d'eux, ni qu'il pût en être question, ils durent n'être occupés que de l'honneur d'un fils, d'un frere & d'un ami, & ménager leur discours relativement à cet objet.

Il doit passer donc pour certain que Marc-Antoine Calas est réellement mort pendu. D'un côté, des circonstances invariables le démontrent : de l'autre, l'unanimité des prévenus à le soutenir, tandis qu'il est impossible de supposer qu'ils se soient conciliés pour le dire, acheve de mettre cette vérité dans le plus grand jour.

Mais cet infortuné s'est-il pendu lui-même, ou a-t'il été pendu par d'autres mains ? Qu'on veuille s'appliquer encore sur quelques circonstances.

1°. La Relation des Médecins & Chirurgiens, établit que Marc-Antoine Calas n'avoit sur son corps aucunes marques de résistance. La chose a été répétée trop souvent pour qu'elle puisse être ignorée.

Il est pareillement certain que sa chemise n'avoit rien souffert, qu'elle n'avoit aucune marque de désordre. Cette chemise est au Greffe, il est aisé de la vérifier encore.

Or un jeune homme de vingt-huit ans, fort & robuste, se seroit-il laissé pendre sans résistance ? l'amour de la vie auroit redoublé ses forces ? le combat auroit été long & pénible, & il auroit

porté

.... dans fon linge & fur fon corps, des traces profondes d'un combat qu'un intérêt fi cher auroit rendu fi violent & fi vif.

2°. Aucun de ceux qu'on accufe n'avoient non plus fur leurs perfonnes, ni dans leurs vêtemens, aucunes traces de violence & de combat : leurs cheveux même, non plus que ceux du défunt n'étoient pas dérangés. Les Expofans font en état de le juftifier : la Cour en a même la preuve fous fa main : qu'Elle daigne réfumer les Témoins qui ont vu dans les premiers momens, & le cadavre & fa famille défolée.

Le fait doit paffer même pour certain, de cela feul qu'on ne s'eft pas expliqué fur ces circonftances dans le Procès-verbal de defcente. La raifon en eft fimple : il eft ordonné aux Magiftrats de comprendre dans les Procès-verbaux de cette efpece, tout ce qui peut fervir pour la décharge. Des prevenus ne doivent pas fouffrir de ce que le Magiftrat a manqué à ce devoir : par conféquent tout ce qu'il a omis de vérifier, de ce qui pouvoit fervir à la décharge, doit être tenu pour vérifié.

3°. Un homme n'eft pas pendu par un homme feul, il faut le concours de plufieurs perfonnes : il en faut au moins trois, deux pour retenir & foulever l'infortuné qu'on veut faire périr, un pour placer le billot. La porte aux deux battans de laquelle Marc-Antoine Calas étoit attaché, n'a que cinq pams de largeur. Comment quatre perfonnes auroient-elles agi, avec des mouvemens violens, dans un efpace de cinq pams ?

4°. Si Marc-Antoine Calas avoit été pendu, il auroit été tiré par les jambes, ou pouffé par les épaules, pour confommer fa deftruction : cela auroit laiffé des impreffions fur fes jambes ou fur fes épaules. Il est constant, par le rapport des Médecins & Chirurgiens, qu'il ne s'en est point trouvé dans aucune partie de son corps : il s'est défait par conséquent lui-même.

5°. Un pere auroit pendu son fils ? une mere, un frere auroient concouru à cet assassinat ? cela se feroit fait en haine de la Religion, & une Servante Catholique & pieuse, qui recevoit son Dieu deux fois la semaine, qui avoit eu le bonheur de le recevoir trois jours auparavant, seroit entrée dans ce complot ? Un jeune Etranger, ami du défunt, arrivé fortuitement de la veille, & retenu fortuitement à souper, auroit été épris tout à coup de la même fureur ?

Il faudroit parcourir la Terre, d'un bout à l'autre, pour rassembler cinq Ames de cette trempe : & ces cinq Ames se seront trouvées dans une maison composée de cinq personnes seulement : & ces cinq Ames seront un pere, une mere, un frere, une ancienne domestique & un jeune ami.

Ne dégradons pas la Nature humaine : croyons que l'Homme n'a pas été formé de la pâte des Tygres & des Ours. L'homme seroit encore pis : ces animaux, dont la fureur déchire tout, aiment, conservent leurs petits ; & leur fureur n'agit jamais plus vivement que quand il est question de les défendre.

6°. Il faut supposer que ce pere, cette mere, ce frere, cet ami ont commis cet attentat horrible avant le soupé ou après avoir soupé. Eh quoi ! ils auront soupé après ce crime étrange ? ou ils auront commis ce crime sur un fils, un frere, un ami après avoir soupé avec lui ? Tant de tranquillité un moment avant, ou un moment après avoir commis un attentat, dont le récit fait horreur!

Non ! la chofe n'eft pas poffible : mais l'impoffible peut-il être cru , & doit-il être cru ?

7°. Cette famille auroit fait attenter fur Marc-Antoine Calas , dans la rue la plus peuplée de la Ville , & à l'entrée de la nuit , quand les Citoyens font encore dans les rues , que les Marchands voifins étoient encore dans leurs boutiques : comme s'ils ne pouvoient pas attendre que la nuit fût avancée , pour l'immoler dans fon lit avec pleine fûreté ? Et ils auroient choifi , pour le faire périr à cette heure , un genre de fupplice qui devoit être précédé d'un long combat , dont il n'auroit pas été poffible que le bruit ne fe fût répandu au-dehors.

8°. Après ce double égarement , ce font eux qui attirent le peuple par leurs mouvemens & par leurs cris. Et ce qui furprend davantage ceux qui arrivent , dans ce moment , trouvent fur leur vifage : quoi ! des traces de fureur ? Non , ils y trouvent la douleur la plus vraie , la plus naturelle , telle que la devoient reffentir un pere , une mere , un frere , des larmes , les plaintes les plus tendres , le Saint Nom de Dieu mille fois invoqué , & cet efpece d'anéantiffement que la nature doit éprouver dans de pareilles circonftances. Un de ces voifins veut écarter la mere & la tranquillifer , elle répond pâle & tremblante : & comment voulez-vous que je me tranquillife ? elle tient tendrement le cadavre entre fes genoux , & tache d'y rappeller une vie qui a fui.

9°. Les Prévenus auront eu l'art , la précaution & le fang-froid de prendre entr'eux la délibération qui fuit : après avoir immolé ce miférable , nous refterons tranquilles tant de temps : enfuite nous pousserons des cris douloureux : on ira pour cher

cher un Chirurgien, l'un d'un côté, l'autre d'un autre : le peuple accourra, & nous ferons tellement maîtres de nous-mêmes que notre visage, tout notre extérieur représenteront la douleur la plus naturelle, la plus vraie, la plus sensible. Ils auront eu l'art, la précaution & le sang-froid d'arranger tout cela : & ils n'auront pas eu celle de convenir de ce qu'ils diroient pour leur décharge, quand ils seroient interpellés en Justice : car il est évident qu'on ne peut pas supposer que les Prévenus en aient convenu, puisqu'au lieu de dire d'abord que Marc - Antoine Calas étoit mort pendu, ce qui fait leur justification ; ils dirent dans leur premier Interrogatoire, [par le motif qu'on sçait ,] qu'ils avoient trouvé à terre le cadavre.

10°. Que le sieur Lavaysse & la Servante soient innocens, les gens les plus prévenus n'en doutent point, il seroit trop déraisonnable d'en douter : une fille de service, zélée Catholique, se seroit-elle prêtée pour un meurtre commis en haine d'une Religion à laquelle elle est tendrement attachée ? un jeune homme fortuitement arrivé de la veille, arrêté fortuitement à souper, auroit-il été saisi tout-à-coup d'un esprit de scéleratesse ? Ce jeune homme & cette servante sont donc innocens : la chose est certaine.

Mais s'ils sont innocens aucun n'est donc coupable ; puisque le sieur Lavaysse dit n'avoir jamais quitté le pere, la mere & le fils : & que la fille de service dit avoir vu Marc-Antoine Calas à table, & avoir entendu ensuite la conversation de la famille, dans la chambre où on s'étoit retiré après le soupé, jusques après neuf heures qu'elle fut surprise par le sommeil.

Gardons-nous de retourner cela pour raisonner ainsi : les Calas sont coupables, donc que ce jeune homme dise ne les avoir pas quittés, que cette fille de service dise les avoir eus en quelque sorte sous les yeux, cela ne doit aboutir qu'à les comprendre dans le sort des premiers & à les condamner avec eux. Ce seroit un renversement de toute raison de raisonner ainsi : rien de plus obscur que le prétendu crime des Calas : l'innocence de la fille de service & du jeune homme tiennent au contraire de l'évidence. Ainsi ce seroit partir du point le plus obscur, pour rejetter ce qui est clair ; la raison veut qu'on parte au contraire de ce qui est clair, pour se déterminer sur ce qui est obscur. C'est donc de cette maniere qu'il faut raisonner : nous trouvons deux innocens qui le sont certainement : donc les autres le sont aussi, puisque l'un de ces deux innocens dit ne les avoir jamais quittés, que l'autre les a presque toujours entendus : & dès qu'en effet le sieur Lavaysse & la servante sont certainement innocens, comment se refuser à leur témoignage ?

Et sera-t-il permis de le dire, & puisse la Cour l'excuser en faveur du sentiment qui le fait dire ? A quel propos cette fille de service & ce jeune homme se trouvent-ils au nombre des Prévenus ? quelle preuve contr'eux, quels indices, qui les a nommés, qui les a chargés ? Il semble qu'aucun rôle ne leur pouvoit convenir que celui des Témoins. Alors cette accusation finissoit dans vingt-quatre heures, ou même elle n'auroit jamais existé : & cette accusation sera immense, interminable, parce qu'ils auront été mis au nombre des Prévenus, non-seulement sans titre, sans preuve, sans indices, mais contre l'évidence, au lieu de les laisser dans leur vraie situation.

Mais peut-il être présumé que Marc-Antoine Calas se soit défait lui-même ? Il y a tant d'exemples de gens qui se font défaits eux-mêmes; il n'y en a peut-être pas un de peres qui aient assassiné, de sang-froid, leurs enfans. Où trouver sur-tout un exemple qu'un pere, une mere, un frere, se soient réunis pour cet horrible dessein ; que cela se soit fait en haine de la Religion, & cependant qu'une fille de service, inviolablement attachée à cette Religion, soit entrée dans ce complot ? qu'un jeune étranger, arrivé fortuitement dans la maison, y ait prêté ses mains ?

Marc-Antoine Calas n'avoit point, dit-on, de peines. Qui le sçait ? Qui peut le sçavoir ? L'abîme du cœur est impénétrable.

Mais non, les peines de Marc-Antoine Calas n'ont pas été si cachées. Il avoit désiré d'être Avocat en la Cour ; il avoit perdu l'espérance de l'être. Alors il souhaita d'être associé par son pere, il le lui fit proposer. Dans l'état de langueur où est le Commerce, celui du sieur Calas produisoit à peine de quoi nourrir sa famille ; il fut obligé de refuser son fils. L'Exposant offre la preuve de ces faits ; c'est tout ce qui dépend de lui, puisque telle est la condition déplorable des prévenus, qu'on informe contr'eux sans qu'il leur soit permis d'informer de leur côté : c'est à la Cour de venir au secours de l'innocence, en recevant les preuves qui peuvent la faire connoître.

Marc-Antoine Calas étoit donc refusé. Cependant il voyoit de plus jeunes que lui à la tête d'une maison, tandis qu'il étoit réduit à travailler tristement dans un comptoir. Voilà ce qui a pu mettre le désespoir dans son ame.

» Mais trois Témoins, la Demoiselle Pouche-
» lon, Popis, garçon Paſſementier du ſieur Mai-
» ſon, & la fille de ſervice du ſieur Ducaſſou,
» ont entendu Marc-Antoine Calas criant à neuf
» heures & demie, *au voleur, on m'aſſaſſine, on*
» *m'étrangle.* Trois Freres Tailleurs ont rapporté
» qu'un garçon Perruquier avoit entendu le même
» cri.

On ne ſçait ce qui ſeroit plus ſurprenant, de
l'indiſcrétion de ces Témoins, ou que leur témoignage pût faire quelque impreſſion.

1°. La fille de ſervice des ſieurs Ducaſſou étoit,
dit-elle, dans une chambre du *ſecond étage* de ſa
maiſon, de l'autre côté de rue, occupée à coucher un enfant. Remarquez que cette maiſon de
Ducaſſou n'eſt pas vis-à-vis celle de Calas, mais
un peu à côté. La Demoiſelle Pouchelon & le ſieur
Popis entendent auſſi cela du ſecond étage de
leur maiſon, étant, diſent-ils, à la fenêtre.

Cela ne ſe détruit-il pas par lui-même ? Quoi !
une voix, partie du rez-de-chauſſée d'une
maiſon exactement fermée, pénétre dans la rue,
s'éleve au ſecond étage d'une maiſon, de l'autre
côté de rue, pénétre dans cette maiſon fermée,
& y arrive aſſez forte, aſſez articulée pour
qu'une fille de ſervice, actuellement occupée à
coucher un enfant, entende diſtinctement les mots,
au voleur, on m'aſſaſſine, on m'étrangle.

Il eſt tout auſſi impoſſible que cette voix, déja
affoiblie en pénétrant à travers les fenêtres & les
murs, ſe fût élévée aſſez nette pour qu'elle eût été
entendue diſtinctement, même des fenêtres des
ſeconds étages de ces maiſons voiſines.

Si on n'étoit pas aſſez convaincu que cela eſt
impoſſible, qu'on veuille au moins en faire l'expérience : la vie des hommes eſt aſſez précieuſe

pour ne rien donner au hasard ; combien plus quand il est question du salut de trois familles. Une vie dépendra de sçavoir si un fait est possible : rien ne sera plus facile que de s'assurer si ce fait est possible, & on négligeroit le moyen de s'en assurer ; ce seroit être aussi dur qu'on suppose que les Calas l'ont été.

L'expérience est simple. Introduisez la voix la plus ferme dans la boutique ou le magasin d'où l'on suppose que cette voix est partie, fermez portes & fenêtres ; que d'autres se placent dans cette chambre où la fille de service de Ducassou étoit occupée à coucher un enfant, & aux fenêtres du second étage de la Demoiselle Pouchelon & du sieur Popis : qu'on essaye si ces gens postés distingueront ce que prononcera la voix qui partira de la boutique & du magasin. Il est aisé de comprendre qu'il y a du désavantage dans cette expérience, parce que la voix sera attendue par des gens disposés exprès pour l'entendre : mais avec cela même, il est certain qu'on ne distinguera rien. Ces trois dépositions se détruisent donc par l'impossibilité absolue de la chose.

2°. Il est invinciblement établi que Marc-Antoine Calas étoit mort depuis long-temps à neuf heures & demie, à laquelle heure ces Témoins se rapportent.

Suivant le sieur Gorce, on est allé le chercher vers les neuf heures & demie : il arrive, & il trouve le corps froid.

Le sieur Delpech cadet & le sieur Brousse heurtent, attirés par les plaintes qui se faisoient entendre dans la Maison : ils entrent avant le sieur Gorce qui arrive après eux, ce qui démontre que c'étoit vers neuf heures & demie,

&

& ils rapportent que le Corps étoit tellement froid que la bouche se réfermoit comme un ressort. D.... l'assecure le trouve froid à la même heure.

.... ne Demoiselle du côté de Saint Rome & Sans Estellé, apprennent à la même heure de la bouche de Pierre Calas sortant de sa maison, que son frere étoit mort.

Espaillac, Garçon Perruquier, & Mirande Tailleur entendent enfin à la même heure les plaintes de cette famille.

Ainsi à neuf heures & demie, Marc-Antoine Calas étoit mort depuis long-temps & on l'aura entendu se plaindre à cette heure ? on l'aura entendu crier au Voleur, on m'assassine, on m'étrangle ? Et comment ces trois personnes n'auroit-elles pas volé de suite pour enfoncer portes, boutique & magasin, & répandre l'allarme ?

3°. La déposition de ces trois imprudens se détruit encore par les témoins si nombreux, (a) qui déposent avoir entendu à cette heure précisément les pleurs, les régrets & les cris de cette Famille désolée. Quoi! ces trois ont entendu Marc-Antoine crier qu'on l'assassine, à l'heure & au moment que la Famille pleure actuellement, selon tous les autres, sur la mort de cet infortuné.

4°. Pour augmenter l'horreur que cela fait naître : à côté de ce Popis, Garçon Passementier du sieur Maison, à la même fenêtre, au même instant, étoit un autre Garçon Passementier, son camarade, qui a entendu; quoi! une voix qui s'éleve de la boutique, & passe de-là dans le courroir, criant ah mon Dieu! ah mon Dieu! Ainsi l'un entend au voleur, on m'assassine, on m'étrangle : l'autre entend seulement! ah mon Dieu! ah mon Dieu.

[a] Tous les témoins ci-dessus : &.......

F

Et qui ne reconnoît dans la marche que ce second Garçon fait faire à la voix, & au ton lamentable qu'il rapporte, le fait exposé par Pierre Calas, qu'il se précipita en arriere à la vûe de son frere, mort entre le Magasin & la Boutique, & vola dans le courroir pour aller appeller son Pere, criant dans sa course & répetant sans cesse! ah mon Dieu! ah mon Dieu!

» Mais peut-on se dispenser d'en croire à des » témoins?» Croyons en un grand Orateur, qui fut en même-temps un si grand Magistrat. »Oui, » dit-il, le Magistrat peut ne pas en croire aux » témoins, & souvent il le doit : car s'il faut en » croire aveuglement les témoins, il sera donc » indifférent d'avoir des Juges sages & éclairés, ou » qui ne le soient pas, puisque ce ne sera alors » qu'un simple ministere des oreilles, · dont les uns » & les autres sont également capables. Et si cela » est, ajoûte-t-il, l'innocence la plus pure ne » sera pas en sûreté. » Il seroit difficile d'égaler l'énergie des expressions de ce grand'homme : (a)

(a) *At hoc Galli negant* [c'étoit les témoins] *at ratio rerum & vis argumentorum coarguit. Potest igitur testibus judex non credere ? Non solum potest, sed etiam debet. Etenim si quia Galli dicunt, idcirco M. Fonteius nocens existimandus est quid mihi opus est sapiente judice .. Hic, si ingeniosi & periti & æqui judicis has partes esse existimatis, ut quoniam quidem testes dicunt sine ulla dubitatione credendum sit, salus ipsa virorum fortium innocentiam tueri non potest. Sin autem in rebus judicandis, non minimam partem ad unamquamque rem æstimandam, momentoque suo ponderandam sapientia judicis tenet, videte ne multo vestræ majores gravioresque partes sint ad cogitandum, quam ad dicendum meæ .... Quamobrem, si hoc, judices, præscriptum lege aut officio putatis testibus credere : nihil est cur alius alio judice melior, aut sapientior existimetur. Unum est enim & simplex aurium judicium : & promiscue & communiter stultis ac sapientibus ab natura datum. Quid est igitur ubi elucere possit prudentia ? Ubi discerni stultus auditor & credulus ab religioso & sapienti judice ; nimicum in quo, ea quæ dicuntur ab testibus conjecturæ & cogitationi, traduntur. Cicero pro Fonteio, n. 6.*

croyons-en au moins à la Loi ; » il faut examiner
» diligemment , dit-elle , quelle foi méritent les
» témoins. Et elle exige pour premiere circonſtance
qu'ils ne ſe contrediſent pas les uns les autres. (a)

Ecartons donc pour jamais ces trois miſérables
dépoſitions.

A l'égard des trois Freres Tailleurs, qui ont dit
leur avoir été rapporté par Eſpaillac, que paſſant
devant la porte des Expoſans , il avoit diſtingué
la voix & des cris de Marc-Antoine Calas.

1°. N'eſt-il pas connu , que des témoignages
d'un oui-dire ne font pas foi ?

2°. Eſpaillac a été oui en témoin, il a été ré-
colé & confronté ; ſa dépoſition dans laquelle il
parle ſimplement des lamantations de la Famille ,
détruit bien ce que ces trois Freres Tailleurs lui
ont attribué.

3°. Suppoſons ſi on veut , qu'Eſpaillac ait dit
cela à ces trois Freres Tailleurs : il eſt de regle
que ce qu'un Témoin [b] dépoſe après qu'il a été
aſſigné en témoin , prévaut à ce qu'il pourroit
avoir dit hors Jugement. Les Auteurs n'ont là-
deſſus qu'une voix.

C'eſt une maladie invétérée des hommes d'aimer
à faire & entendre des contes. Lorſque ſur-tout
une affaire extraordinaire a mis une Ville en mouvement , combien de gens forgent des faits & ſe
plaiſent à les répandre ? Et quelle affaire a jamais fourni plus de preuves de cette maladie des
hommes ? Que n'a-t-il pas été dit ? Que na- -il
pas été répandu depuis la malheureuſe époque du
13 Octobre ? Tout cela a dû avoir un Auteur , &
tout cela eſt tombé de ſoi, parce que c'étoient des

(a) L. 3. ff. de Teſt.
[b] Ranchin in verbo Teſtis , art. 41.

ſuppoſitions de gens oiſifs , avides de conter , ou
de s'en faire accroire.

Ainſi l'indiſcrette ſuppoſition qu'il ait été entendu des cris de Marc-Antoine Calas doit être
rejettée pour jamais ; rien ne peut donc ébranler
cette vérité , qu'il eſt réellement mort pendu , &
qu'il s'eſt pendu lui-même.

Mais les Expoſans ont-ils beſoin de *juſtifier* que
Marc-Antoine Calas s'eſt pendu ? il ſuffit évidem-
ment pour leur décharge que cela ſoit poſſible : car
ſur quoi pourroient-ils être condamnés , s'il eſt
poſſible que Marc-Antoine Calas ſe ſoit défait
lui-même ?

C'eſt ici que l'illuſion eſt au comble : " il n'eſt
„ pas poſſible , prétend-t-on , que Marc-Antoine
„ Calas ſoit mort pendu , ni qu'il ſe ſoit pendu.

Par quels Experts a-t-on fait vérifier que la
choſe ne fût pas poſſible ? Il ne faut pas aller chercher loin la porte aux deux battans de laquelle
les Expoſans ſoutiennent l'avoir trouvé pendu „ & la
corde & le billot qu'ils diſent avoir ſervi d'inſtrument à cette mort : il falloit faire vérifier par des
Experts s'il étoit poſſible de ſe pendre ou non à
cette porte , avec cette corde & ce billot.

La Cour voudroit-elle juger , & prendroit-
elle ſur elle de juger d'une prétendue impoſſibi-
lité phyſique , & décider là-deſſus de la vie de
cinq perſonnes , & de l'honneur de trois familles ?
S'il falloit juger du confront le moins important :
en vain on lui préſenteroit mille combinaiſons
phyſiques pour en fixer la ſituation ; elle répon-
droit qu'il faut porter ces combinaiſons phyſiques
devant des Experts , elle renverroit en conſéquence à des Experts : & elle jugeroit ſur de prétendues combinaiſons phyſiques , qu'il n'eſt pas
poſſible que Marc-Antoine Calas ſe ſoit pendu ?

la Cour ne le voudra pas : & quoique ſes lu‑
mieres embraſſent tout , elle ſe dira qu'elle eſt
dans l'uſage de ne pas les appliquer ſur ces ſortes
d'objets , qu'elle eſt dans l'uſage de s'en remettre
à des Experts. *Ad quæſtionem Juris reſpondent Ju‑
dices , ad quæſtionem facti reſpondent juratores.*

Etoit-il même néceſſaire d'employer des Ex‑
perts ? on a poſſédé ſi long-temps le Cadavre de
Marc-Antoine Calas : on avoit ſçu le faire em‑
porter à l'Hôtel-de-Ville, il n'en coûtoit pas plus
de le rapporter. C'étoit un moyen ſûr de con‑
noître ce qui en étoit. On auroit imité l'opéra‑
tion, telle que les Prévenus l'ont dépeinte : paſſer
au cou les deux nœuds , faire deux tours au tour
du billot : rapprocher les deux battans de la porte,
placer le billot, ſuſpendre le cadavre. Quoi ! on
dira froidement : il n'eſt pas poſſible que Marc‑
Antoine Calas ſe ſoit ſuſpendu , après avoir né‑
gligé un moyen ſi prompt & ſi facile de s'aſſurer
ſi la choſe n'étoit pas poſſible.

Il faut rapporter à la Cour un fait certain : le
lendemain de l'événement tragique du 13 Octobre,
avant que la corde & le billot euſſent été em‑
portés à l'Hôtel-de-Ville, des jeunes gens curieux
firent l'expérience dont il s'agit ici : ils placent le
billot, ſe ſuſpendent des mains à la corde : ils font
dans cet état les mouvemens les plus vifs, & les
battans & le billot reſterent fermes à leur place :
les Soldats qui étoient conſignés dans le magaſin
en furent Témoins, ils rapporterent qu'ils avoient
déjà fait la même expérience.

C'eſt par des remarques frivoles qu'on a pré‑
tendu que Marc-Antoine Calas n'avoit pas pû ſe
pendre. » La porte eſt trop haute, dit-on , elle
» a neuf pams. Il auroit fallu pour s'élever une
» chaiſe ou un eſcabeau.

»La porte est encore trop large pour que le
»billot pût être assis sur les deux battans : elle a
»cinq pams de largeur, le billot n'en a que quatre
»& demi.

»Si on rapproche les deux battans, ils n'auront
»aucune stabilité, ainsi l'action n'auroit pas pû se
»consommer.

»En rapprochant aussi ces deux battans, il n'au-
»roit pas resté assez d'espace pour recevoir le
»corps.

»Un billot rond auroit glissé sur ces deux bat-
»tans ; il auroit laissé au moins quelque em-
»preinte.

»Le billot auroit encore dérangé les bouts de
»ficelle, qui étoient sur les deux battans.

»Enfin après que Marc-Antoine Calas se feroit
»lancé, il n'auroit pas tardé à se repentir, &
»se reprendre au billot qui le suspendoit.

L'art malheureux de semer des doutes ne peut
pas aller plus loin : au lieu d'être si habile à
douter, il falloit aller au but & s'éclaicir par des
expériences.

Cela suffiroit pour abbattre toutes ces illusions :
il faut pourtant les parcourir.

„La porte est trop haute : il auroit fallu pour
„s'élever une chaise ou un escabeau.

Premierement il y avoit dans la boutique dix ou
douze chaises. On suppose apparemment que lors
de la descente des Capitouls, ils n'en trouverent
point auprès de la porte. Leur Verbal, dit-on,
n'en porte rien : d'ailleurs, tant de gens avoient
passé là avant eux, cette chaise auroit pû être dé-
placée. Marc-Antoine Calas pouvoit encore l'avoir
poussée du pied avant de se laisser aller : la boutique est parquetée : d'un coup de pied une chaise
roule d'un bout à l'autre.

Secondement, la porte est composée de bar-reaux jusques vers le milieu : quand les battans de cette porte sont ouverts, ils ne joignent pas le mur, ils en sont distans, de chaque côté, d'en-viron quatre travers de doigt, & les gonds sur lesquels ils jouent débordent dans cette espace ; ainsi Marc-Antoine Calas a pu s'accrocher d'une main aux barreaux, placer les pieds à droite & à gauche sur les gonds, se soulever par ce moyen, placer le billot & se laisser aller.

» La porte est trop large pour que le billot pût » se placer sur les deux battans.

Le billot a quatre pams & demi, la porte en a cinq. Rapprochez les deux battans de deux pou-ces & demi de chaque côté, c'est tout ce qu'il faut pour appuyer ce billot.

» Mais alors les deux battans n'auront aucune » stabilité.

C'est alors au contraire qu'ils en ont, parce que la porte touche en cet endroit à terre, ce qui la rend dure à fermer.

» Il n'auroit pas resté un assez grand espace » pour recevoir le corps.

Premierement il y a ici une équivoque : en rapprochant les deux battans de la porte, l'em-bouchure de la porte est seule resserrée : l'exté-rieur ou ouverture de la porte conserve sa lar-geur de cinq pams. Or le corps n'a pas été trou-vé dans l'embouchure de la porte, c'est dans l'ouverture, dans l'extérieur : la chose ne peut pas même être autrement, rapprochez les deux battans d'une porte, appuyez un billot à ces deux battans ; suspendez un corps à ce billot, ce corps sera nécessairement dans l'extérieur ou ouverture de la porte.

Mais secondement, un espace de quatre pams

& demi ne suffisoit-il pas pour recevoir Marc-
Antoine Calas, dépouillé sur-tout de ses habits,
qu'il avoit eu soin de quitter ?

» Le billot qui est rond auroit glissé sur les
» deux battans ; d'autant mieux qu'ayant perdu
» leur aplomb, leurs extrêmités supérieures sont
» en plan incliné.

Cette inclinaison n'est pas peut-être de deux
lignes à prendre sur toute la largeur de la porte ;
cela ne fait pas un cinquantiéme de ligne pour l'endroit où le billot appuyoit : une inclinaison d'un
cinquantieme de ligne pouvoit-elle rien produire?
De plus, le billot étoit applati par un bout : il
étoit assujetti par le poids du corps : il pouvoit
être encore retenu par les bouts de ficelle qui
étoient sur un des battans.

Que la Cour daigne se rappeller l'expérience
dont il vient d'être parlé : les battans & le billot
resterent fermes à leur place, malgré les mouvemens les plus violens, que se donnerent ces jeunes
gens & ces Soldats de garde, qui s'étoient suspen-
dus des mains à la porte.

L'état d'un homme suspendu par le cou est même bien different : on a consulté les personnes de
l'art ; la Cour daignera sans doute aussi les con-
sulter. Ils ont répondu, ce sont les termes: » qu'au
» moment qu'un homme est suspendu par le cou.
» la corde pressant la trachée artere, les carotides
» & les veines jugulaires, cet homme est absolu-
» ment perclus de ses sens. Ils en donnent deux
» raisons. D'un côté le sang qui est porté à la tête
» ne pouvant pas en revenir, produit dans le cer-
» veau un engorgement subit : le cerveau se trouve
» perclus par ce défaut de circulation, & de-là la
» perte de tous les sens, parce que le cerveau est
» le moteur de tous les organes. De l'autre la res-

» pirant interceptée, la circulation ne ſe
» fait plus dans les poumons , par la ceſſation de
» l'entrée & de la ſortie alternative de l'air : la
» circulation anéantie dans les poumons doit l'être
» néceſſairement dans tout le corps : & de là encore
» la perte néceſſaire de tous les ſens.

» Qu'on ne penſe point , continuent ces hommes éclairés , "que ce ſoit l'affaire de quelques
» minutes ; l'inſtant même dans lequel le retour
» & la circulation du ſang ſont empêchés , eſt
» celui de la perte de tous les ſens : l'effet eſt
» le même que celui d'une violente apoplexie, ou
» celui que produit l'eau ſur un noyé.

» Il s'enſuit de - là, concluent - ils, qu'un tel
» homme ne fait plus de mouvement déterminé
» par la volonté , puiſqu'il eſt privé de l'uſage
» des ſens ; que la machine ſeule peut faire quel-
» ques mouvemens animaux, mais très-foibles par
» la même raiſon , & qui ne durent que très-peu.
» Un tel homme peut être ſauvé, il eſt vrai ,
» s'il eſt ſecouru , & qu'on ôte à temps la cauſe
» qui intercepte le cours du ſang & la reſpira-
» tion ; mais il n'eſt pas moins perclus des ſens
» dans le premier moment qu'il eſt ſuſpendu.

» Outre cela, diſent - ils , le corps manquant
» de point d'appui, on ne pourroit exécuter que
» des mouvemens lateraux , dont l'effort ne ſe por-
» teroit preſque point ſur le bâton auquel le corps
» eſt ſuſpendu.

Ne ſoyons donc pas ſurpris que le billot n'ait
pas roulé : aſſujetti tout à la fois par un bout applati, par le poids d'un corps privé de l'uſage des
ſens ; & pouvant encore avoir été retenu par les
bouts de ficelle qui étoient ſur un des battans. Le
ſieur Calas pere a d'ailleurs expoſé dans ſon interrogatoire au Palais, que les deux battans de

G

la porte étoient garnis de rideaux dans toute la hauteur des barreaux, & qu'en relevant ces rideaux fur les deux battans, cela auroit empêché que le billot roulât & l'auroit affujetti.

„Si le billot avoit été arrêté par les bouts „de ficelle, ce frottement & cette action au-„roient dérangé, dit-on, ces bouts de ficelle.

Il eft difficile de comprendre cette inftance. Eft-ce que ces bouts de ficelle étoient rangés fur la porte méthodiquement ? Quand on avoit befoin d'un bout, & qu'on le prenoit, les autres fuivoient en grande partie, & on les remettoit fur le batan fans obferver aucun ordre & fans aucune précaution.

Si l'on difoit d'ailleurs que le billot eût été retenu par ces bouts de ficelle feulement, on pourroit prétendre qu'il auroit dû agir fur ces bouts de ficelle : mais on dit qu'il a été retenu tout enfemble par le bout applati, & par le poids du corps: ces deux autres caufes doivent avoir laiffé fi peu à faire aux bouts de ficelle, que le billot aura agi trop foiblement fur ces bouts pour y caufer le moindre dérangement.

»Le billot étant rond & de buis auroit fait »quelque impreffion fur les deux battans.

Des gens qui prétendent l'avoir vu, ont affuré qu'on y appercevoit en effet cette empreinte. La porte eft d'autre part d'un bois fort dur, & le billot devoit appuyer principalement du coté applati. Pour fuppofer enfin une grande preffion, il faut fuppofer de grands mouvemens, contre la décifion phyfique des maîtres de l'art.

»Marc-Antoine Calas fe feroit repris au billot »qui le fufpendoit.

Il s'enfuivroit de là, que perfonne ne fe feroit jamais pendu. On vient de voir avec les Maîtres de l'Art, qu'un tel homme eſt privé, au premier moment, de l'uſage de ſes ſens.

On a prétendu trouver quelques nuages ſur ce ſujet dans les interrogatoires des Prévenus.

„ Le Pere interrogé, dans l'interrogatoire d'of-
„ fice, qui avoit coupé la corde, a répondu ne pas
„ ſçavoir ſi le ſieur Lavayſſe ou ſon fils l'avoit
„ coupée. Il ſuppoſe par-là que le ſieur Lavayſ-
„ ſe étoit préſent quand le corps fut dépendu : &
„ le ſieur Lavayſſe a dit qu'il ne l'étoit pas. Il
„ ſuppoſe que ſon fils avoit été à portée du corps:
„ & le fils a dit qu'il étoit derriere ſon pere à une
„ certaine diſtance. Il ſuppoſe que la corde avoit
„ été coupée : & Pierre Calas a dit qu'elle ne
„ l'avoit pas été, & cela s'eſt trouvé vrai. Voilà
„ des contradictions, voilà un faux.

Non, il n'y a point de faux de la part du Sr. Calas, & cela ne fait point une contradiction entre les autres & lui ; puiſqu'il ne dit pas que cela fût réellement, qu'il fait ſeulement une conjecture & un jugement à l'occaſion d'une demande du Magiſtrat, qui l'interrogeoit. Dans le trouble dont le ſieur Calas étoit atteint, qui devoit égarer ſon eſprit & ſa raiſon, porter dans ſes ſens l'ébranlement le plus violent, il eſt aiſé de croire qu'il étoit hors d'état de rien voir, de rien appercevoir : de voir ſi le ſieur Lavayſſe ſuivoit, ſi ſon fils approchoit, ſi quelqu'un coupoit la corde. Mais ſur ce que le corps ſuivit quand il ſe fut jetté deſſus avec le tranſport dont un pere doit être agité dans une pareille occaſion ; il juge, pour répondre au Magiſtrat qui l'interroge, que quelqu'un devoit avoir coupé la corde : & ſur ce qu'il juge que quelqu'un devoit avoir coupé la corde, il forme cet autre jugement que ce devoit être le ſieur Lavayſſe ou ſon fils. Pour répondre enfin au Magiſtrat qui l'interroge, il faut, ſe dit-il à lui-même, le corps ayant ſuivi ſi facillement, que la corde ait été coupée : & par qui coupée? Ce ne peut être que par le ſieur Lavayſſe, ou par mon fils.

On n'a donc pû dire au ſieur Calas quand il parla ainſi, ſinon qu'il ſe trompoit dans l'un & l'autre de ces jugemens, que ſa conjecture étoit fauſſe : que la corde n'avoit pas été coupée, même que le ſieur Lavayſſe n'étoit pas préſent, & que ſon fils étoit éloigné. Voilà tout ce qu'on a pu lui dire : mais il reſte que ce n'étoit ni un faux de ſa part, ni une contradiction entre les autres & lui, puiſqu'il n'a pas dit que cela fût, que c'étoit de ſa part une ſimple conjecture & un jugement.

Il n'étoit pas néceſſaire en effet que la corde fût coupée : le billot n'étant point aſſujetti, il ſuffiſoit de ſoulever & tirer à ſoi le corps, ou le faire pencher en avant.

Et du reſte, comme c'étoit le ſieur Lavayſſe avec ſon fils, qui l'avoient attiré par leurs cris, le Sr. Calas pouvoit croire, & il devoit le croire, qu'ils l'avoient ſuivi l'un & l'autre.

On a voulu prendre encore avantage, de ce que le ſieur Calas fils n'a point ſçu dans ſon premier interrogatoire, »ſi la corde qui a ſervi »d'inſtrument à la mort de Marc-Antoine Calas »étoit ſimple ou double.

Le ſieur Calas fils a expliqué cela ſi ingémument. Il apperçoit ſon frere pendu, il court appeller ſon pere ; le pere deſcend, s'approche, enleve le corps. Le ſieur Calas fils, qui a d'ailleurs la vue baſſe, avoit reſté derriere, ſaiſi de l'horreur de ce triſte ſpectacle. Il vole de ſuite chez un Chirurgien, de-là chez le ſieur Cazeing : il revient & trouve ſa maiſon inondée d'Officiers de Juſtice. Dans quel moment ſera-t'il entré en

...noissance si la corde étoit simple ou double ? Une famille désolée va-t'elle examiner les circonstances & les détails d'un cas abominable, avec la froide curiosité d'un étranger ?

On releve aussi que le sieur Lavaysse a dit au Palais, que le Corps de Marc-Antoine Calas étoit directement sous le ceintre de la porte. L'uniformité du pere & du fils, qui expliquent que le corps étoit suspendu à un billot placé entre les deux battans, démontre que le Corps étoit suspendu réellement de cette maniere ; puisqu'il n'est pas possible, ainsi qu'on l'a prouvé, que ces deux prévenus se soient conciliés, à cet égard, avant ni depuis la prison ; que s'ils s'étoient conciliés pour cela, ils n'auroient pas manqué de mettre de cet accord le sieur Lavaysse.

Mais il est si aisé d'expliquer ce mot de ce jeune homme. Les deux battans étoient rapprochés : le Corps étoit suspendu à un billot appuyé sur ces deux battans. De cette maniere le Corps étant placé dans l'ouverture de la porte, ce jeune homme a pu croire aisément que ce Corps placé dans l'ouverture de la porte, qui par conséquent approchoit de si près le ceintre, étoit directement sous ce ceintre. Il faut d'ailleurs se souvenir que ce jeune homme n'a vu le Corps que d'un regard & ne s'en approcha pas : il n'eut pas plutôt mis le pied dans la boutique avec Pierre Calas, qu'il recula épouvanté pour aller appeller le pere.

Outre cela nous ne jugeons de la situation des objets, que par comparaison avec les objets qui les environnent. Ainsi le magasin n'étant pas éclairé, ce jeune homme a été dans l'impossibilité de juger si le Corps étoit directement sous le ceintre de la porte, ou s'il n'étoit pas

un peu avancé dans le magafin : & tout ce
qu'on peut induire de ce qu'il a dit , eft que le
Corps de Marc-Antoine Calas lui parut être directement au-deffous du ceintre de la porte , & non
qu'il l'étoit en effet.

On a enfin objecté à Pierre Calas , qu'il a dit
que les pieds de fon frere touchoient prefque
à terre. Suivez - nous , ont dit les Capitouls,
dans le compte que nous allons faire ; il en réfulte que le Corps devoit être à deux pans du
fol.

Ah ! pouvoit répondre Pierre Calas , j'entre
& vois mon frere fufpendu à la porte , & je re-
cule avec horreur. Sur neuf pans de hauteur de
cette porte vous avouez que le Corps en devoit
occuper fept : j'ai dit en cet état qu'il touchoit prefque à terre, & je fuis inquietté là-deffus ? Qui n'auroit parlé comme moi dans la même fituation ?
Le Corps eft à deux pans de la terre , il eft élevé au-deffus de fept : oui , j'ai dû dire en
cet état qu'il touchoit prefque à terre. Croyez-
vous que mon efprit fe foit occupé de me-
fures géométriques dans un moment auffi violent ?

On eft parti d'ailleurs , dans cette objection ,
d'un calcul arbitraire & manifeftement faux. On
a fuppofé que le Corps de Marc-Antoine Calas
avoit de hauteur cinq pieds quatre pouces & cinq
lignes ; que la corde avec laquelle il fut fufpendu
avoit un nœud coulant à chaque bout , que ces
deux nœuds étoient paffés au tour du col ; que la
longueur de la corde d'un nœud à l'autre étoit de
cinq pans quatre pouces , & que diftraction faire
de la partie de cette corde qui étoit au tour du
col, & de celle qui étoit roulée au tour du billot,
le furplus de cette corde doublée ne devoit avoir

qu'un pan. De tout cela on a conclu , que des neuf pans de hauteur qu'a la porte, le corps n'en devoit occuper que fept, qu'ainfi il devoit être élevé de deux pans au-deffus du fol.

Quand on admettroit toutes ces fuppofitions le mécompte feroit évident. En effet, le Corps ayant cinq pieds quatre pouces & cinq lignes , cela fait huit pans & demi pouce, non comme l'Hôtel-de-Ville l'a fuppofé fept pans feulement, cinq pouces quelque ligne. Suppofons, avec les Capitouls, que diftraction faite de la tête & ne comptant que depuis le nœud coulant de la corde , il ne reftât de cette hauteur que fept pans ; il faudra ajouter à ces fept pans celui qu'avoit la corde doublée, depuis le col jufqu'au billot, ce qui reviendroit à huit pans. Ainfi la hauteur de la porte n'étant que de neuf pans, le Corps de Calas fufpen-du ne fe feroit trouvé qu'à un pan de diftance au-deffus du fol. Encore même faudroit-il fuppo-fer que les pieds n'étoient pas roidis , comme ils le font toujours dans les corps de ceux qui meurent fuf-pendus , ce qui le rapprochoit du fol au moins de trois pouces. On doit auffi confiderer , que le fieur Pierre Calas voyant les pieds de fon frere de haut en bas , ils ont dû lui paroitre plus rapprochés de la terre.

La plûpart de ces fuppofitions font d'ailleurs très-gratuites. 1°. Il n'y a point de preuve que les deux nœuds coulans fuffent paffés au tour du col ; les Capitouls ont même fuppofé dans le Mo-nitoire, que l'un de ces nœuds ne fervoit qu'à at-tacher la corde au billot. 2°. La groffeur ordinai-re du col des hommes eft de dix ou onze pouces de tour , le col n'étant pas preffé ; ce qui doit di-minuer au moins d'un pouce , lorfqu'il eft preffé & ferré par une corde. Ainfi la corde dont Calas fut suspendu, ayant cinq pams quatre pouces d'un nœud à l'autre ; quand ces deux nœuds coulans auroient été passés au tour du col, il auroit resté trois pams de corde ; & en rétranchant de cette longueur quatre *roulée* pour la rouler au tour du billot, il auroit encore resté deux pams & demi ; de manière que ce reste de corde étant doublé auroit encore été de dix pouces. 3°. Depuis la racine des cheveux où devoit se terminer le nœud coulant, jusqu'au sommet de la tête, il ne pouvoit y avoir qu'environ six pouces : ainsi en distraisant d'un côté six pouces , de huit pams & cinq pouces qu'avoit le défunt , & ajoutant d'un autre côté les dix pouces qu'avoit la corde doublée, depuis la racine des cheveux jusqu'au billot, on trouvera que le corps touchoit en effet presque à terre comme l'a dit Pierre Calas.

Cette objection qui a été faite à Pierre Calas, ne sert donc qu'à mettre dans le plus grand jour la vérité de ce qu'il a dit ; car enfin lorsque Pierre Calas a dit que les pieds de son malheureux frere touchoient presqu'à terre , il n'avoit mesuré ni la hauteur du corps de son frere, ni celle de la porte. Ce sont les Capitouls qui ont pris ou fait prendre ces mesures, & puisqu'elles cadrent exactement avec ce qu'il a avoué, c'est la preuve la plus parfaite qu'on puisse desirer , qu'il n'a dit que la vérité, & qu'en effet son malheureux frere fut trouvé pendu de la maniere qu'il l'a déclaré.

Mais encore la méthode seroit bien étrange ! supposons pour un instant , que toutes ces critiques prétendues fussent aussi solides qu'elles le sont peu, elles ne formeroient que de présomptions. Or des preuves évidentes , & l'impossibilité de supposer que les Prévenus se soient conciliés sur ce sujet, démontrent que Marc-Antoine Calas est réellement

mort

ou tout pendu; des préfomptions détruiroient-elles ce qui eſt formellement établi ?

Tenons donc pour certain, que Marc-Antoine Calas eſt mort pendu, & qu'il s'eſt pendu lui-même.

Des Etrangers n'auroient-ils pas pu donner la mort à Marc-Antoine Calas.

Il eſt convenu, dit-on, que la porte de la maiſon fut fermée à 7. heures un quart, & elle l'étoit encore lorſque le ſieur Lavayſſe ſortit à neuf heures & demie.

Mais des aſſaſſins ne pouvoient-ils pas s'être cachés quelque part dans la maiſon, avoir fait le coup, & avoir tiré la porte après eux en ſe retirant : car les Prévenus n'ont jamais dit, & il ne leur a été jamais oppoſé que la porte eût été fermée à verrouil à ſept heures & demie, ou qu'elle fut fermée à verrouil quand le ſieur Lavaiſſe ſortit. Elle ſe ferme avec un loquet à reſſort ; on ne tiroit le verrouil que quand on alloit ſe coucher.

Suivant les trois imprudens qui ont dépoſé avoir entendu crier au meurtre, la voix qu'ils diſent avoir entendue crioit au voleur : l'attentat n'auroit donc pas été commis par les Parens, & cela indiqueroit une violence étrangere.

C'eſt le lieu d'examiner les indices qui ſont annoncés plus haut.

PREMIER INDICE.

Marc-Antoine Calas avoit rénoncé à la Religion Proteſtante, pour embraſſer la Foi Catholique ; il devoit communier & faire ſon Abjuration le lendemain.

A la honte de ce ſiecle, on dit pour appuyer

cet indice que la Réligion Proteftante permet, autorife le meurtre des enfans par les Peres; que Calvin l'a ainfi enfeigné dans fes Inftitutions Chrétiennes; que c'eft la Doctrine de Généve, qu'on l'a prêché dans le bas Languedoc. Ce n'eft pas la Cour qui a cette penfée, elle eft trop éclairée: ce ne font pas non plus les gens inftruits, mais un peuple prévenu le publie avec châleur.

L'Europe apprenant ceci croira que nous fommes redevenus Barbares. Eh quoi après 250. ans, nous en fommes encore à fçavoir, quels Points divifent Calvin d'avec nous. Son Inftitution Chrétienne qui a fait le fondement de fa prétendue Réforme, parut en 1536. La Sorbonne affemblée en fit la Cenfure le 18. Janvier 1542 : cette Cenfure eft rapportée par tout. (a) La Doctrine de Calvin y eft propofée en 28. articles : aucun de ces articles a-t-il rapport à la Doctrine abominable du meurtre des enfans par les Peres. Le Concile de Trente affemblé trois ans après en 1545, anathématife en détail toutes les differentes erreurs de Luther, de Calvin, & de tous ces autres prétendus Réformateurs dont l'Europe étoit inondée : parmi ces Anathémes en eft-il pareillement aucun, qui ait un rapport prochain ni éloigné à cette Doctrine abominable.

Il nous étoit réfervé de trouver dans la Foi proteftante une erreur, que n'ont point trouvée la Sorbonne, le Concile de Trente, les Duperron, les Arnaud, les Nicoles, tant d'autres grands hommes, qui ont confacré leurs veilles & leur vie à attaquer cette fecte, & la pourfuivre dans toutes fes opinions.

[a] *Hiftoire Eccléfiaftique de Racine tom.* 8. *p.* 312. *& fuivantes.*

Quels Sectateurs auroit pû se promettre Calvin, s'il avoit enseigné cette horreur. Tous les hommes sont fils ou peres : seroient-ce les fils qui auroiént embrassé sa doctrine ? ils l'auroiént trouvée trop dangereuse : seroient-ce les peres ? la nature leur en eût donné de l'horreur. Calvin auroit été regardé comme un monstre qui corrompoit l'humanité : on lui auroit couru sus : il auroit disparu de la terre.

On nous cite un passage de l'Institution Chrétienne, où Calvin expliquant le Précepte du Décalogue, *honora Patrem tuum & Matrem tuam*, dit [a] „ partant Notre Seigneur commande de mettre à „ mort tous ceux qui sont désobéissans à pere & à „ mere ..... l'honneur dont il est ici parlé a trois „ parties, révérence, obéissance & amour. La „ premiere est commandée de Dieu, quand il „ commande de mettre à mort celui qui aura détracté de pere & de mere. La seconde en ce qu'il „ a ordonné, que l'enfant rebelle & désobéissant „ fût mis à mort.

Par qui mis à mort ? Est-ce par le pere ou par la mere ? Calvin l'a-t-il entendu ainsi ? allons aux passages de l'Ecriture qu'il cite. Il cite le Deute„ ronome, chap. 21, nº. 18 : on y lit : „ Si un „ homme a un fils rebelle & insolent, qui ne se „ rende au commandement ni de son pere ni de sa „ sa mere, & qui en ayant été repris, refuse avec „ mépris de leur obéir ; ils le prendront & le me„ neront aux anciens de la Ville & à la Porte où „ se rendent les Jugemens, & ils leur diront : voici „ notre fils qui est un rebelle & un insolent, il mé—

[a] *On employe l'édition françoise de l'Institution de Calvin, parce qu'on n'a pas pû se procurer l'édition latine : mais Calvin donna son Ouvrage en latin & en françois tout-à-la-fois. Ainsi cette édition françoise n'est pas moins que la latine le pur Texte de Calvin.*

„ prife & refuse d'écouter nos remonſtrances , &
„ il paſſe ſa vie dans les débauches , dans la diſſo-
„ lution & dans la bonne chere , alors le peuple de
„ l a Ville le lapidera, & il ſera puni de mort. „
Il cite le Lévitique , chap. 20 , dans lequel Dieu
établit les Loix Criminelles , ſur leſquelles ſon
peuple devoit être jugé.

Qu'enſeigne donc Calvin ? Que ſuivant l'Ecriture les enfans rebelles pouvoient être accuſés par
les peres devant les Magiſtrats ; & que ceux-ci
devoient leur faire ſubir la mort. Eſt-ce avoir
donné aux peres l'horrible pouvoir d'immoler leurs
enfans?

Pour connoître la Morale Proteſtante ſur ce
ſujet , il n'y a qu'à lire le tome V. des Sermons
d'un Paſteur [a] de l'Egliſe Valone d'Amſterdam
imprimé en 1760 , pag. 212. „ Rien n'eſt ſans
„ doute plus beau que le zele , & rien n'eſt plus
„ agréable à Dieu : mais c'eſt quand il eſt éclairé
„ par la piété, dirigé par la prudence , réglé par
„ la charité, ſoutenu par la douceur & la pa-
„ tience . . . . . Car le premier caractere du vrai
„ zele, c'eſt la piété, c'eſt la douceur, c'eſt l'ob-
„ ſervation des Commandemens de Dieu : ſi donc
„ le zele nous pouſſe à faire quelque choſe, qui
„ ſoit contraire à la parole de Dieu , il doit nous
„ être ſuſpect : s'il nous porte à des actions cruelles
„ condamnées par les Loix *humaines & divines* ,
„ ce n'eſt plus zele alors , c'eſt *emportement*, c'eſt
„ *fureur* : Dieu n'a que faire des paſſions humaines
„ pour maintenir ſes droits , pour prendre ſoin de
„ ſon Egliſe : il n'a jamais prétendu que le zele de
„ ſa Religion & l'amour de la vérité , dût étouffer
„ dans les cœurs les ſentimens *d'humanité* & de
„ compaſſion, encore moins qu'il dût renverſer les

(a) *Henry Chatellain.*

loix fondamentales de la société : il veut misé-
ricorde & non point sacrifice. „ On lit pareillement dans un discours qui est en tête d'une Li-
turgie pour les Protestans de France , imprimée à
Amsterdam en 1759. „ Trouvez-moi une Reli-
„ gion qui se soit fondée sur l'Evangile , & qui ait
„ dit aux hommes : haïssez , persécutez , baig-
„ nez-vous dans le sang de vos freres. „ Dans un
Livre intitulé Nécessité du Culte public , édition
de Francfort 1747, t. 2 , pag. 87. „ Nous sommes
„ très-éloignés des erreurs de l'Eglise Romaine ,
„ (c'est l'Erreur qui parle :) mais pour cela nous
„ n'en regardons pas moins les membres comme
„ Chrétiens, comme nos freres : la différence d'opi-
„ nion entr'eux & nous , n'influe point sur les sen-
„ timens de nos cœurs , & nous protestons ici
„ contre tout préjugé contraire. „ Voilà la Morale Protestante.

Est-il vrai dans le fait que Marc-Antoine Calas
eût changé de Religion, ou qu'il se disposât d'en
changer. Les preuves les plus fortes démontrent
qu'il n'en est rien.

1°. Marc-Antoine Calas prend le Grade de Ba-
chelier par bénéfice d'âge le 18 Mai 1759 ,
& il se dispose à prendre la Licence. Déjà il
avoit été préparé [a] pour soutenir les Actes né-
cessaires. Il se présente à Me. Boyer , Curé de S.
Etienne , & lui va demander un Certificat de Catholicité. Un Domestique prévient ce Curé que
Marc-Antoine Calas est né de Parens Protestans.
Me. Boyer [b] exige que Marc-Antoine Calas lui
rapporte un Certificat d'un Confesseur. Et dix-huit
mois s'écoulent , sans que Marc-Antoine Calas eût

[a] *Par le sieur Vidal.*
[b] *Me. Boyer a déclaré le fait en réponse à un Acte qui lui
a été signifié.*

fongé à lever l'obſtacle qui l'avoit fait refuſer.

2°. On ne ſort pas de l'Héréſie ſans être inſtruit : il faut s'être inſtruit dans les Livres, ou l'avoir été par des perſonnes éclairées. Un Monitoire a été publié avec le plus grand éclat. Aucun Catholique ne s'eſt préſenté, qui ait dit avoir inſtruit Marc-Antoine Calas. Il n'eſt pas moins certain qu'il n'exiſtoit rien parmi ſes Livres & ſes papiers qui eût rapport à la Religion Catholique : l'Hôtel-de-Ville nous en a adminiſtré la preuve, en ne faiſant point mention de ſes Livres & de ſes papiers, à ſuite de la deſcente qui fut employée en partie à les viſiter. S'il s'étoit rien trouvé qui eût rapport à la Religion Catholique, on n'auroit pas manqué d'en faire mention dans ce Verbal, puiſqu'on ne peut avoir procédé à la viſite des papiers & des Livres de ce jeune homme que dans cet objet.

3°. Que dire encore quand on apprend qu'il ne s'eſt préſenté aucun Confeſſeur de Marc-Antoine Calas ?

Me. Laplagne a bien dépoſé qu'un jeune Proteſtant s'étoit préſenté à ſon Tribunal, aux trois Fêtes de Noël, Pâques & Pentécôte : » Il n'en » ſçait pas le nom, mais c'étoit » un Garçon de » 22 ans : » On lui repréſente le Cadavre, & il ne le reconnoît pas.

Me. Laplagne ne *ſçait* point quel eſt celui qu'il a confeſſé. On ne peut donc pas prétendre que ce fut Marc-Antoine Calas. Il eſt clair au contraire que ce n'étoit pas lui, puiſque le Cadavre lui ayant été repréſenté, il ne l'a pas reconnu. La circonſtance de l'âge le démontre encore. Puiſque ce Pénitent n'étoit point connu de Me. Laplagne, il ne peut avoir ſçu ſon âge que ſur ce que lui en a dit ce jeune homme, qui n'auroit pas menti au

Tribunal de la Pénitence. Ce n'étoit donc pas Marc-Antoine Calas, puisqu'il avoit vingt-huit ans suivant son Baptistaire.

L'Exposant est au contraire en état de prouver qu'à la Fête de Noël 1760 , qui est un des trois temps, auquel Me. Laplagne a dit avoir confessé un jeune Protestant, non-seulement Marc-Antoine Calas n'étoit pas à Toulouse, mais qu'il assista à cette époque à une Assemblée Protestante, dont il sera parlé bien-tôt.

Remarquons en passant que le Protestant de Me. Laplagne étoit un étrange Prosélyte : un Protestant, qui veut se convertir, qui doit s'instruire, qui a à décharger toutes les fautes de sa vie dans le sein d'un Confesseur, ne se présenter au Sacrement de Pénitence que trois fois l'an.

. Me. Laplagne n'a donc pas parlé de Marc-Antoine Calas : or aucun autre a-t-il dit l'avoir confessé ?

Quelqu'un imagineroit peut-être que les Confesseurs sont en droit de ne pas révéler sur ce point : que le secret de la Confession s'étend à cela. Ce seroit une illusion étrange. Le Confesseur ne peut point révéler les fautes dont le Pénitent s'est accusé : mais de dire j'ai confessé un tel, je confessois un tel, qui a jamais pensé que cela intéressât le secret de la Confession. La Loi austere de ce secret seroit donc violée , quand on oblige ceux qui se marient de porter un Certificat de Confession, & quand les Curés exigent à Pâques , des Pénitens qui ne se sont pas adressés à eux de porter un Certificat de ceux à qui ils se sont adressés ? Lorsque les Confesseurs comptent le nombre de leurs Pénitens, qu'ils disent, je dirige un tel, une telle est ma Pénitente , comptent-ils violer le secret de la Confession.

Me. Laplagne enfin a-t-il cru violer la Loi de

la Confeſſion , quand il s'eſt préſenté pour dé-
poſer ; car obſervons qu'il n'a pas dit ne *pouvoir
dire* , ſi c'étoit le ſieur Calas qu'il avoit confeſſé à
Noël , Pâques & Pentecôte ; mais il a dit ne pas le
ſçavoir , ce qui démontre qu'il l'auroit dit s'il
l'avoit ſçu ; il ſe croyoit par conſéquent en droit
de le dire , s'il l'avoit ſçu.

Il doit paſſer donc pour certain que Marc-Antoine Calas n'avoit point un Confeſſeur , dès qu'il
n'en a pas paru ; puiſque ce Confeſſeur quelcon-
que , qui eſt ſuppoſé célébrer nos Saints Myſteres,
n'auroit pas voulu ſe rétrancher de l'Egliſe & en-
courir ſes Cenſures.

4°. Des Témoins ont dit au contraire formellement que Marc-Antoine Calas étoit occupé du
deſſein de ſe faire Miniſtre. Et l'Expoſant eſt en
état de prouver que Marc-Atoine Calas , tint
un enfant à Baptême dans une Aſſemblée Proteſtante au Lieu de Mazamet , au mois de Septembre 1759 : [a] qu'il aſſiſta la Fête de Noël 1760 :
à une Aſſemblée de Proteſtans qui ſe tint du côté
de Vabres , il paſſoit les Fêtes chez le Sr. Vaute,
au Lieu de Braſſac qui eſt au voiſinage de Vabres,
enfin qu'il aſſiſta le mois de Juillet dernier à l'en-
terrement d'un Proteſtant qui ſe fit hors de cette
Ville , & qu'il parla à ceux qui y aſſiſtoient avec lui
de l'excellence prétendue de leur foi. Voilà donc
ce Proſélyte , ce Converti qui devoit recevoir
l'Abſolution le lendemain de ſa mort 14 Octobre,
& être admis le même jour à la participation de
nos Saints Myſteres.

Mais ſans attendre l'événement de ces preuves,
n'eſt-il pas plus clair que le jour que Marc-
Antoine Calas n'étoit point converti ? Perſonne ne
l'a inſtruit : perſonne ne l'a confeſſé : parmi ſes

____

(a) *On eſpere de recevoir le Baptiſtaire.*

tres & les papiers rien qui ait rapport à la Religion Catholique : il se prépare enfin pour prendre la Licence, & il n'a aucun moyen pour lever l'obstacle que lui a fait son Curé, sur ce
qu'il étoit né d'une maison Protestante. Qui peut
résister à une lumiere aussi vive ?

On cite ici plusieurs Témoins : un Arnal, Ingénieur, a vu Marc-Antoine Calas suivre le St.
Viatique & la Procession de la Fête - Dieu. La
Demoiselle Durand l'a vu à la Messe, aux Bénédictions, à tous les Exercices de la Religion, elle
l'a vu dans des Confessionnaux : & l'Abbé Durand
son fils l'a oui dire à sa mere. Le sieur Platte
l'a vu priant dans l'Eglise St. Sernin & devant
les Corps Saints ; il l'a vu recevant dans cette
Eglise la Bénédiction. Suivant un Pénitent Blanc,
Louis Calas étant à la campagne avec l'Abbé
Durand & lui, dit que Marc - Antoine Calas son
frere devoit entrer dans la Confrairie des Pénitens
Blancs : & deux autres ajoutent, que le premier
ayant représenté cela à Louis Calas, celui - ci
qui alors se promenoit ne répondit rien. Le sieur
Gorce & la Demoiselle Pouchelon ont entendu le
14, que Marc - Antoine Calas devoit faire son
Abjuration ce jour 14. Cathérine Dolmiere, na-
tive de Béfiers, Couturiere près la porte Saint
Etienne, a oui dire à Marc-Antoine le 12 qu'il
devoit se confesser (d'autres disent faire son Abjuration) le 14 » que si on le sçavoit il seroit . . . . .
» (a). Marc-Antoine a dit au sieur Platte qu'il
» se convertiroit si ses parens ne l'en empêchoient.

Il faut mettre à l'écart ce qu'ont dit le sieur
Gorce & la Demoiselle Pouchelon. Des témoignages sur un oui dire ne prouvent pas. Les oui

____

(a) *Ce Témoin s'est servi d'une expression trop sale pour être rapportée.*

I

dire ne font reçus que quand il s'agit de prouver la commune renommée *famam* : mais on exige
alors deux circonſtances. Les Témoins doivent
nommer ceux de qui ils ont oui la choſe *à quibus audiverunt* (a) , afin que le Juge examine
quelle foi y peut être ajoutée : il faut encore
que les Témoins expoſent des cauſes vraiſembla-
bles de cette commune renommée (b).

Et qui eſt-ce qui n'entendit pas dire le 14 , d'un
bout de Ville à l'autre , que Marc-Antoine Calas
devoit abjurer ce jour-là ? Le bruit s'en répan-
dit comme un torrent , il paſſa dans la Province,
il a paſſé dans toute la France. Ainſi ſi c'étoit
aſſez d'avoir entendu dire le 14 , ou depuis le 14 ,
que Marc-Antoine Calas devoit faire Abjuration
ce jour-là ; toute la Ville , toute la France auroit pu venir jouer un rôle dans la Procédure.
Le faux de ce bruit ſémé par l'imprudence & par
la crédulité a bien été à découvert depuis qu'un
Monitoire , publié ſolemnellement , a fait connoître que Marc-Antoine Calas n'a été inſtruit par
perſonne & qu'il n'a point connu de Confeſſeur.
Rien n'eſt donc plus mépriſable que ce oui dire
de ces deux Témoins.

Ce qu'a prétendu Cathérine Dolmiere , que
Marc-Antoine lui dit le 12 qu'il devoit faire Abjuration le 14, ne fera pas plus d'impreſſion. C'eſt
d'abord un Témoin ſingulier , aucun autre n'a
entendu Marc-Antoine Calas tenir à cette femme
ce diſcours. Or n'eſt-il pas de regle que des
Témoins ſinguliers ne prouvent pas. (c)

(a) *Julius - Clarus , lib.* 5. *,* §. *fin.* 26 *, n.* 17 *, Reouffe de reprob. teſt. n.* 53 *, in fin. Ranchin & Bornier , in verb.* fama.
(b) *Julius-Clarus eod. n.* 13 *, & L. B. Rachin & Bornier eod.*
(c) Singulares *teſtes à teſtimonio repelluntur : quia actus debet probari per duos teſtes ad minimum : ſed quando teſtes ſunt*

On voit d'autre part que cette femme se repré-sente dans sa déposition comme une nouvelle Con-vertie, puisque Marc-Antoine Calas l'exhorte de ne point aller à Montauban, de peur qu'elle ne soit séduite. Or voilà que son Baptistaire qui est remis, prouve qu'elle est née Catholique, de parens Ca-tholiques, & dans une Ville (a) où il n'y a point de famille Protestante.

Dans le fonds, Marc-Antoine Calas peut-il avoir dit à cette femme qu'il devoit abjurer le 14, ou qu'il dût confesser, puisqu'il n'avoit point de Con-fesseur.

L'indécence que cette femme met dans la bouche de Marc-Antoine Calas, prouveroit seule le faux de sa déposition. Je dois confesser le 14, (ou bien je dois faire Abjuration le 14.) Si on le sçavoit je serois . . . . Que chacun de nous se rappelle avec quelle piété tendre, il s'est préparé à approcher la premiere fois des saints mysteres. Quel attendrissement, quelle vénéra-tion, quel respect ? & ce Protestant qui raconte qu'il doit être reçu à recevoir son Dieu le len-demain, auroit profané, il auroit infecté ce dis-cours redoutable & saint par l'indécence d'un mot sale. Qu'il soit permis de rappeller à la Cour ce qu'on lui a représenté à une autre occa-sion, que l'impossible ne peut pas être cru, qu'il ne doit pas l'être.

Que reste-t'il donc ? Marc-Antoine a été vu dans les Eglises ; il a été vu aux cérémonies de

singulares non probatur nisi per unum ; cum de diversis actibus deponant : ideo non probant cum non sint contestes, nam in diversa eunt. C'est la Doctrine générale. Voyez le Président Faber en son Code, liv. 4, tit. 15, déf. 46, où il dit, testes singu-lares non probant, ideoque non plus probant mille quam unus.

(a) A Beziers.

l'Eglise ; il a été vu dans des Confessionnaux, non point se confessant, on ne le dit pas, mais ayant choisi sa place dans des Confessionnaux comme il auroit pu la choisir ailleurs.

Donc il étoit converti, quoiqu'il soit certain que personne ne l'a instruit & que personne ne l'a confessé ? mais il résulte de ces deux faits une preuve formelle que Marc-Antoine Calas n'étoit point devenu Catholique ; on ne peut donc pas déclarer sur ces autres circonstances qu'il le soit devenu. Vous voulez présumer que Marc-Antoine Calas s'étoit converti : mais deux faits qui sont comme la pierre de touche de ces conversions , démontrent qu'il ne s'étoit point converti , par conséquent toutes vos présomptions s'évanouissent.

Que faisoit-il donc dans nos Temples ? Eh ! qui peut pénétrer l'abîme du cœur ? Un défenseur Catholique qui connoît l'excellence de sa Religion , & qui est plein de tendresse pour elle, osera-t'il se permettre dans cette cause ce que les Ministres de l'Evangile font retentir tous les jours dans nos Chaires ? Il le dit avec peine, avec douleur , parce qu'il croiroit manquer à son ministere de ne pas le dire. Tant de mauvais Catholiques se rendent dans nos Eglises comme dans un lieu d'assemblée : ils imitent néanmoins les mouvemens qui se font dans ces saints Temples , pliant comme les autres les genoux, baissant les yeux & la tête ; parce qu'il faut ne pas s'exposer à la censure des personnes pieuses & des Magistrats. Il est aisé de croire qu'un Protestant peut être aussi peu religieux.

Un Magistrat grave fait un récit qui offre un dénouement plus honorable à la mémoire de Marc-Antoine Calas : l'honneur & la vertu de ce Magistrat sont connus, sa parole doit être donc bien

a eu part, dit-il, à la converſion de Louis Calas ; il ſouhaita de remporter la même victoire ſur Marc-Antoine Calas ; il l'entretint ſur ce ſujet ; il lui fit naître des doutes. Marc-Antoine Calas demanda du temps pour délibé-rer, pour s'examiner & ſe réſoudre : ce fut une affaire de plus d'un jour. Il revient, & déclare qu'il s'étoit affermi dans la Foi dans laquelle il avoit été élévé. Si ce que ces Témoins diſent qu'ils ont vu Marc-Antoine Calas à l'Egliſe, qu'ils l'ont vu aſſiſter à nos ſaintes Cérémonies, ſi cela eſt vrai, il faut le rapporter au temps que Marc-Antoine Calas étoit ébranlé, qu'il ſe ſentoit des mouvemens pour l'Egliſe Catholique ; mais, comme le rapporte ce Magiſtrat, il eut le malheur de réſiſter à la Grace & de ſe raffer-mir dans l'erreur.

Il eſt vrai que ce Magiſtrat n'eſt pas Témoin dans la Procédure, mais la Cour peut faire aiſé-ment qu'il le ſoit, il eſt aſſis tous les jours à ſes côtés : qu'elle daigne l'appeller & recevoir ſon ſer-ment, les droits de l'innocence lui ſont trop connus pour qu'il ſe faſſe une peine de ce miniſtere. Que ſeroit-il même néceſſaire de l'entendre avec ſer-ment ? l'Aréopage crut bien autrefois qu'il ſeroit indigne de ſa gravité, d'exiger le ſerment d'un ſimple Philoſophe.

Pour le fait, que Louis Calas a dit que Marc-Antoine Calas devoit ſe faire recevoir Pénitent Blanc. 1°. un ſeul le dit, qui eſt par conséquent té-moin ſingulier. Deux autres diſent, il eſt vrai, que ce Pénitent Blanc ayant objecté cela à Louis Calas, celui-ci qui ſe promenoit ne répondit rien. On ne peut point en conclure que Louis Calas reconnut qu'il l'eût dit effectivement : la Loi (a)

(a) *La Loi* 142. ff. *de reg. jur.*

nous dit au contraire *qui tacet non utique fatetur.*
Louis Calas peut n'avoir pas entendu ce discours,
d'autant mieux qu'il étoit à se promener ; il peut
aussi avoir meprisé un mot vague : enfin il peut
avoir fui une discussion personnelle. Le témoin ci-
dessus demeure donc seul , puisque les deux autres sont inutiles. 2°. L'Abbé Durand qui est témoin dans la Procédure, en présence duquel ce
témoin prétend que Louis Calas a fait cette con-
fidence , & qui n'a pas menagé les Calas dans sa
déposition, n'a rien dit de cela dans cette déposition. 3°. Tout se reduiroit enfin , à ce que Louis
Calas auroit dit que son frere vouloit se faire Pénitent Blanc, & qu'il auroit convenu de l'avoir
dit : un fils n'est pas témoin utile contre son Pere ;
on ne peut donc pas se prévaloir contre son Pere ,
de ce que ce fils pourroit avoir dit. (*a*)

Louis Calas a dénié hautement dans des protes-
tations qu'il a fait imprimer, tous les propos qu'on
lui fait tenir dans cette triste Procédure ; quelle
douleur pour lui qu'on le cite pour faire périr son
Pere ? C'est un exemple qui doit être banni à jamais de la Societé.

Une vieille s'est présentée depuis l'Arrêt de la
Cour, femme d'un Cuisinier : elle a été nourrice
de Marc-Antoine pendant un mois ou un mois &
demi : l'enfant lui fut ôté , parce que son lait
n'étoit pas convenable. Marc-Antoine la trouva ,
dit-elle, deux mois avant sa mort : il l'arrête en
l'appellant du doux nom de nourrice , lui fait des
reproches de ce qu'il n'alloit pas les voir & manger leur soupe , que cela feroit plaisir à son pere &
à sa mere. Il ajoute : je vous dirai que je me
fais de votre Religion.

____

(a) *Ce moyen de Droit est établi ailleurs.*

Il a été objecté à cette femme qu'elle se ven-geoit de ce que l'enfant lui avoit été ôté après un mois ou un mois & demi : on sçait jusqu'à quel point les femmes du Peuple portent leur ressen-timent en ce genre.

C'est d'autre part un témoin singulier : elle est seule pour le fait qu'elle rapporte.

Sa déposition tombe principalement par le fonds.

1°. Elle a nourri Marc-Antoine Calas un mois ou un mois & demi , après lequel temps l'enfant lui avoit été ôté : & Marc-Antoine Calas a eu des relations avec cette femme , à l'occasion de ce mois & demi ? il la connoît pour sa nourrice , l'appelle de ce nom , & lui suppose assez de droit dans une maison qui l'avoit réjettée , pour témoi-gner d'être surpris de ce qu'elle n'y venoit pas faire des visites & manger la soupe , & pour lui dire que son Pere & sa Mere en auroient du plaisir ?

2°. Marc-Antoine Calas apprend à cette fem-me qu'il va se faire Catholique , il l'apprend à cette Catherine Dolmieres , dont il est parlé plus haut ; & il ne le dit point à son Curé , il ne le dit à aucun Confesseur , il ne s'en ouvre à aucun Catholi-que qui soit capable de l'instruire ; & il n'a ni Li-vres de Prieres Catholiques , ni Crucifix , ni un Chapelet ?

3°. Conciliez encore si vous pouvez cette misé-rable déposition , avec ce qu'il est prétendu que Marc-Antoine Calas étoit maltraité dans sa mai-son ? un enfant maltraité , qui ne doit pas se tenir sûr de la vie , inviter cette vieille à venir dans la maison , parce qu'elle a été sa nourrice pendant un mois ou un mois & demi, à y rendre visite & man-ger la soupe ? La tendresse seule pour les enfans, donne de la complaisance aux peres & meres, pour celles qui les ont nourris de leur lait. C'est donc ici un malheureux reve de la part de cette femme : si ce n'a pas été un mouvement de vengeance.

La déposition du sieur Platte suffiroit pour la pleine justification des accusés. Marc-Antoine Calas lui disoit, rapporte-t-il, qu'il se convertiroit, si ses parens ne l'en empêchoient. (a) Il obéissoit donc à ses parens, il se conformoit à leurs volontés, il demeuroit dans leur Religion par respect & par déférence pour eux : pourquoi donc l'auroit-on fait mourir ?

Il faut joindre quelques réflexions.

Suivant les témoins qu'on vient de réfuter, c'est depuis deux, [b] trois ans que Marc-Antoine Calas faisoit profession de Catholicité, fréquentant nos Eglises & tous nos Exercices. On l'a laissé vivre trois ans, & on aura été saisi de fureur après trois ans ? L'usage rend au contraire supportable, ce qui l'étoit le moins dans le commencement.

Le Pere a permis que son fils étudiât en Droit : il faut être Catholique pour être reçu à la licence : le Pere ne désaprouvoit donc pas, que ce fils se fît Catholique.

Louis Calas est converti, il est bon Catholique : il vit pourtant. Il avoit quitté, dira-t-on, la maison paternelle. Mais il est dans Toulouse, & à la porte de la maison de son Pere : ne peut-il être tendu des embuches que dans l'intérieur de sa maison.

INDICE PRIS DES MENACES.

Trois témoins en ont parlé.

(a) *Le sieur Platte a eu l'équité de reconnoitre dans cette déposition, que Marc-Antoine Calas, ne lui avoit pas dit que ce fussent les parens de sa maison.*

(b) *Renard Ingénieur.*

L'Associée

L'affociée de la d'Andufe, étant entrée, dit-elle, dans le Magafin du fieur Calas à fept heures du matin, quinze jours avant l'horrible cataftrophe du 13; elle trouva le fieur Calas tenant fon fils au colet dans le Magafin & lui difant, il ne t'en coûtera que la vie.

La d'Andufe avoit accompagné, dit-elle, fon affociée jufqu'à la porte du fieur Calas: elle entra dans la boutique du fieur Pouchelon qui eft vis-à-vis: fon affociée lui rapporta ce qui s'étoit paffé.

Le fieur Bergerot paffant devant la maifon du fieur Calas, dans le milieu de la femaine avant la mort; il le vit promenant dans la boutique avec un Mr. habillé de gris, ayant un chapeau bordé; & l'entendit difant s'il change je lui fervirai de Bourreau, [d'autres difent s'il ne change.] Il faut écarter d'abord le difcours de la d'Anduze, puifqu'elle ne parle que fur un oui dire: il ne refte par-là que l'Affociée & le fieur Bergerot.

Le trouble & la douleur dont le fieur Calas étoit atteint, font caufe qu'il ne propofa pas un reproche contre cette Affociée: s'il étoit confronté de nouveau avec cette femme; il lui objecteroit que la d'Andufe & elle l'avoient fait prier depuis peu de leur prêter des Indiennes, qu'il le refufa: c'eft plus qu'il n'en faut pour pouffer à la vengeance des femmes de cet étage.

Les Expofans ont dit encore, & ils ont demandé d'être reçus à le prouver, que cette femme a dit depuis publiquement dans la Place de l'Hôtel-de-Ville, un jour de marché, que ce qu'elle avoit rapporté, comme l'ayant vu & l'ayant entendu, elle ne le fçavoit que par oui dire, & qu'elle fe répentoit de l'avoir dit.

K

Au fonds cette Affociée & le fieur Bergerot font des Témoins *finguliers*, chacun d'eux dépofe d'un fait différent, ils ne fe réuniffent pas pour un même fait. L'un a vu quinze jours avant la mort : l'autre cinq ou fix jours avant cette mort. Le fait de l'un fe paffe dans le magafin, celui de l'autre dans la boutique. Le fils étoit préfent dans l'un de ces faits, il ne l'étoit pas dans l'autre. Ces deux faits font donc différens, & chacun n'eft attefté que par un Témoin. Or, on l'a déjà dit, des Témoins finguliers ne prouvent pas.

Mais que de réflexions s'élevent encore fur chacune de ces deux dépofitions.

Pour l'Affociée de la d'Andufe. 1°. L'Expofant auroit-il tenu fon fils au colet, & lui auroit-il fait des menaces barbares dans une boutique ou un magafin ; expofé aux regards des paffans, & de toute la maifon du Marchand (a) qui occupe la boutique oppofée, & pouvant être furpris par ceux qui entroient dans fa boutique. 2°. Si la chofe étoit vraie, la d'Andufe fe feroit apperçue de la scene ; puifque la boutique & le magafin du fieur Pouchelon où elle entra, font précifément vis-à-vis de la boutique & du magafin du fieur Calas : le fieur & demoifelle Pouchelon & leurs Commis l'auroient apperçue auffi. 3°. L'Expofant offre de prouver qu'il ne defcendoit dans fa boutique ou fon magafin, dans cette faifon, qu'après huit heures. 4°. Enfin cette femme ne dit pas que ce traitement prétendu eût pour objet la Religion : [b] l'Expofant auroit pû menacer fon fils à raifon de quelque mauvaife inclination : [c] ainfi ce n'auroit

[a] Le *fieur Pouchelon.*
(b). *La Cour eft fuppliée de fe faire repréfenter l'Original de la Procédure.*
(c) *Il a été repréfenté dans les Interrogatoires & les Confron*

été qu'un déplaisir ordinaire, de la nature de ceux que tant de peres éprouvent, & qui ne font pas qu'ils assassinent leurs enfans, & que toute la famille s'arme pour cette exécution barbare. Il a fallu supposer pour cela un fanatisme dicté par la Religion : mais prouvez donc au moins ce fanatisme : prouvez par conséquent que c'est pour cause de la Religion, que Marc-Antoine Calas a été menacé par son pere.

Quant au sieur Bergerot. 1°. Quelle apparence aussi que le sieur Calas ait tenu le discours que ce Témoin suppose dans une Boutique & dans un Magasin, & qu'il l'ait tenu avec tant d'imprudence, qu'il auroit été entendu de la rue. 2°. Quelle apparence que quelqu'un passant rapidement dans la rue, distingue le vêtement & le chapeau d'un étranger, parlant dans une Boutique avec le Marchand, & qu'il saisisse au juste ce qui se dit entr'eux. 3°. Le sieur Bergerot ne dit pas qu'il fût question dans ce discours, de Marc-Antoine Calas ou d'aucun des enfans du sieur Calas. 4°. Les Exposans ont lieu de croire que la Procédure ne porte pas *s'il change*, mais s'il *ne* change. On supplie pareillement la Cour de se faire représenter l'original. Si le Témoin a dit s'il *ne* change, il n'étoit pas question de la Religion : & si ce Témoin a dit *s'il change*, la négative *ne* qui ne se fait pas sentir dans une prononciation rapide, auroit pu échapper à quelqu'un qui saisissoit ce discours, comme on dit, à la volée, en passant devant cette maison.

Voilà par quelles preuves on prétend établir que le sieur Calas pere a menacé son fils de la mort. Un Témoin qui ne parle que d'un oui

ations, qu'il étoit adonné avec fureur aux Jeux de Billard & de la Paume.

dire. Deux autres qui font témoins finguliers, & dont la dépofition fe détruit d'ailleurs d'elle-même.

Depuis l'Arrêt de la Cour un jeune homme de la lie du peuple, Caferes, ancien Garçon de Bou Tailleur, a été appellé de Montpellier pour dépofer. La Boutique de Bou eft dans la maifon que les Expofans occupent ; Pierre Calas entre, dit-il, dans cette Boutique un jour d'œuvre du mois d'Août dernier : la Demoifelle Bou y étoit. La Bénédiction fonne, & la Demoifelle Bou ordonne de l'aller recevoir. Pierre Calas dit, prétend ce Voyageur, vous ne penfez qu'à vos Bénédictions, on peut fe *fauver dans toutes les deux Religions* : deux de mes freres penfent comme moi, fi je fçavois qu'ils vouluffent changer, je ferois en état de les poignarder. Il ajoute que s'il avoit été à la place de fon pere quand Louis Calas fe fit Catholique, il l'auroit fait mourir.

On a à Touloufe la Demoifelle Bou, avec qui l'on fuppofe que cette converfation fut faite : les deux autres Garçons du fieur Bou, les fieurs Capdeville & Guillaumet, qui devoient être préfens, puifque la chofe fe paffa dans la Boutique, font auffi à Touloufe. On eft allé à la Demoifelle Bou, on lui a parlé, on a parlé à fes deux Garçons, elle a frémi d'horreur en entendant cette impofture, & l'étonnement des deux Garçons n'a pas été moins vif : ils dépoferont tous que c'eft un menfonge puniffable.

Il n'eft pas néceffaire de rappeller ce qui a été dit déjà pour tant d'autres, que ce Témoin eft fingulier.

Mais il faut remarquer qu'affurement ce Témoin n'a pas été deviné à Montpellier : par conséquent il doit s'être offert. Or un Témoin qui s'offre (*a*) ne fait aucune foi.

Sa déposition se détruit principalement par elle-même. 1°. La Demoiselle Bou veut faire quitter sa Boutique à ses Garçons un jour d'œuvre, pour aller recevoir la Bénédiction. Cela est-il vraisemblables ? 2°. On peut se sauver, dit Pierre Calas, dans la Religion Catholique, comme dans la Protestante : cependant je poignarderois celui de mes freres qui embrasseroit la Foi Catholique. Quoi ! cette Foi est bonne, puisque l'on peut s'y sauver, & vous seriez en état de poignarder, qui ? des freres ; pourquoi ? parce qu'ils embrasseroient cette Foi, que vous reconnoissez bonne. Si cette foi est bonne, il n'y a pas lieu de poignarder ceux qui l'embrassent. 3°. Et comment ce maître joueur de poignard ne poignardoit-il pas Louis son frere ? à moins qu'il ne tint qu'il n'y avoit lieu de poignarder ses freres qu'au moment précisément qu'ils changeoient de Religion ; & qu'il n'en étoit plus temps, après qu'ils avoient changé. 4°. Pierre Calas propose, il est vrai, dans cette déposition une autre raison : la fonction de poignarder ne le regardoit pas encore quand Louis se convertit, elle regardoit son pere, si j'eusse été mon pere quand Louis se convertit : mais le voilà élévé depuis à cette fonction qu'il n'avoit pas alors, quoiqu'il ne soit que frere, il poignardera ses autres freres s'ils se convertissent. Non, il n'est pas possible qu'un propos aussi imbécille ait été tenu : Pierre Calas seroit imbécille, s'il l'avoit tenu, & pour cela même, il ne faudroit avoir aucun égard à ce qu'il auroit dit.

Il peut être observé sur cette déposition, que
(*a*) Rebuffe de rep. test. *n.* 141, *in fin.*

puifque les deux freres de Pierre Calas penfoient comme lui dans le mois d'Août: il n'eft donc pas vrai que Marc-Antoine Calas fût changé, en fuppofant même qu'il fuivît les exercices de l'Eglife Catholique.

Traitement & menaces envers Louis Calas.

Il n'eft point queftion de Louis Calas , ni dans l'objet de la prévention , ni dans le Monitoire ; ainfi l'aveugle defir de nuire peut feul avoir fait parler de lui. Ce fera fans fuccès & fans fruit , puifqu'il eft de regle certaine qu'un Témoin qui dépofe *extra articulos* , ne fait point de foi. (*b*) La raifon en eft fimple , c'est qu'un Témoin ne prouve que pour les objets pour lefquels il a été reçu à ferment , *quia non juratus eo cafu deponit.* Vous avez été reçu à ferment pour dépofer fi Marc-Antoine Calas s'étoit converti, s'il avoit été maltraité , s'il a été immolé à cette occafion : vous n'avez pas été reçu à ferment pour dépofer touchant Louis Calas, vous ne ferez donc pas foi à cet égard, & vous avez commis une faute inutile.

Dira-t'on que le Monitoire porte, » enfin contre tous fçachans les faits ci-deffus , circonftances & dépendances ? » Cela s'entend des circonftances & dépendances des faits coarétés : *circonftances & dépendances* du changement prétendu de Religion de Marc-Antoine Calas ; *circonftances & dépendances* des mauvais traitemens qu'il auroit reçus pour ce fujet ; *circonftances & dépendances* de fa mort funefte ; tout fe rapporte à Marc-Antoine Calas.

(*a*) *Ranchin in verbo teftis art.* 112

La conversion de Louis Calas fait-elle une circonstance & dépendance de celle de Marc-Antoine ? Les mauvais traitemens auxquels il auroit
été exposé, font-ils une circonstance & dépendance de ceux que Marc-Antoine auroit éprouvés?
Si quelqu'un étant accusé d'avoir tué Pierre; un
Témoin venoit dire, je ne sçai pas, il est vrai,
que cet homme ait tué Pierre, mais il y a deux
ans qu'il tua Jean ; qui ne seroit saisi d horreur,
& ne regarderoit ce misérable comme un déla-
teur infâme ? La Justice n'auroit peut-être pas de
peine pour lui ; mais il n'échapperoit pas à la
censure de ses Ministres.

En un mot, les Témoins étoient appellés uni-
quement pour déposer par rapport à Marc-Antoine Calas, par conséquent ils n'ont pu déposer
que de lui, & tout ce qui se rapporte à un autre
objet est inutile.

Non cela n'est pas inutile ; la Cour y
doit reconnoître la preuve , qu'un prestige ,
on ne sçait quel, a formé cet orage redoutable qui
tonne sur la tête des Exposans.

Faut-il donc s'occuper de cette partie des Témoins, puisqu'ils ne méritent que de l'indignation?
Mais il seroit trop-coupable de rien négliger lorsqu'il s'agit de la vie & de l'honneur bien plus
cher que la vie. Ils sont au nombre de quatre, une
Coûturiere du côté des Pénitens Noirs , le sieur
Mirepoix, associé du sieur Cromaria, la Demoiselle Durand & l'Abbé Durand son fils , le
sieur Nougayrol, Commis du sieur Seguier.

Suivant la Coûturiere du côté des Pénitens
Noirs, Louis Calas lui a dit, que quand il se convertit, son pere le tint enfermé quinze jours dans
la Cave pieds nus.

Suivant le sieur Mirepoix, associé de Me. Cro-

maria , Notaire , Louis Calas lui a dit , qu'il fut
obligé de se cacher en ce commencement de sa
conversion ; & de changer de gîte trois fois : que
s'il revenoit dans sa maison , peut-être.... Par
une interprétation horrible , ce Témoin entend par
ces mots , que Louis disoit qu'on le seroit mourir. (a)

1°. Remarquons d'abord la contradiction ; suivant l'un, Louis Calas se cache dans le commencement de sa conversion : suivant l'autre c'est le
pere qui a enséveli Louis Calas dans un cachot.
2°. Ce sont comme ci-devant des Témoins singu-
liers , un chacun est seul pour le fait qu'il rapporte.
3°. Ils rapportent un simple oui-dire. Nous avons
entendu dire à Louis Calas , Louis Calas nous a
dit. 4°. Un fils ne seroit point témoin valable
contre son pere. Peut-on donc admettre contre le
pere le témoignage d'un prétendu discours de ce
fils ?

Pourquoi le témoignage d'un fils contre son
pere est-il rejetté ? parce qu'il seroit horrible
qu'un pere pérît par la voix de son fils. Ce seroit
la même horreur , si un pere périssoit en conséquence de ce que son fils auroit dit dans le Public : la Loi (b) embrasse l'un & l'autre de ces
objets dans ce mot énergique & sublime , *illi-
citas atque improbas voces præcludimus.*

Rappellons d'ailleurs ce qui a été observé
plus haut , que dans les cas où les témoignages
de *auditu alieno* sont reçus , il faut avoir nommé ceux (c) dont on prétend avoir oui la chose ;

(a) *L'aveugle prévention qui a enflé cette Procédure se fait bien
connoître dans l'imprudence du discours de ce Témoin.*
(b) *L. 12. C. de test.*
(c) Julius-Clarus, *Lib. 5 , §. fin. q. 6 , n. 15.* Rebuffe *de
reprob. Test. n. 53 in fine.* Ranchin & Bornier *in verb. fama.*

pour voir, difent les Auteurs, fi foi leur doit être ajoûtée ; cela prouve que la foi de celui de qui on a oui dire fait le fondement & la force de ces témoignages. Ils font par conféquent inutiles, fi celui de qui on a oui dire ne feroit pas reçu en Témoin, ou ne feroit pas un Témoin utile. Paffons aux autres Témoins.

La Demoifelle Durand & l'Abbé Durand fon fils, [a] difent que Louis Calas avoit couru rifque d'être affaffiné depuis fa converfion.

1°. Par qui ? cette mere & ce fils n'ont pas eu l'audace d'ajouter que ce fût par fa famille : cela ne prouve donc rien : Louis Calas ne peut-il pas avoir eu un ennemi ? Mais 2°. Par quelle voie cette femme & fon fils ont-ils fçu que Louis Calas avoit couru ce *rifque* ? ils ne l'expliquent pas. Or il eft de regle en Matiere Criminelle, qu'un Témoin, qui ne dit pas comment il a connu la chofe, ne fait ni preuve ni indice. (b) La raifon en eft fimple : la vie des hommes eft trop précieufe pour en difpofer autrement que fur des preuves certaines : mais celui qui dépofe, un tel a été tué par un tel, ne le connoît peut-être que par un oui dire, il en a jugé peut-être fur une circonftance frivole : par conféquent il faut qu'il dife comment il en a eu connoiffance, il faut qu'il dife s'il a vu, s'il a entendu, qu'il explique enfin par quel moyen il a été inftruit.

Le fieur Nougayrol, Commis du fieur Seguier, fuppofe que Pierre Calas lui a dit, que fon frere Louis s'étoit fait donner une penfion, parce qu'il avoit changé de Religion, qu'il la payeroit. 1°.

---

[a] Ces deux Témoins font réprochés comme ennemis.
(b) Lornier fur Ranchin in verbo Teftis, art. 40. Rebuffe de reprob. teft. n. 462. Julius Clarus pract. cr. lib. 5. §. fin. q. 53. n. 22. c'eft, difent-ils, une doctrine univerfelle & fans contradicteurs

c'est encore un Témoin singulier. 2°. Un discours
prétendu de ce fils ne pourroit point être employé
contre son pere , contre sa mere , ni contre lui-
même : un Prévenu n'est point jugé sur ce qu'il
peut avoir dit ailleurs qu'en Jugement , & sur l'Interrogatoire du Juge. (a). 3°. Qu'il y a loin d'ailleurs du mot , *il la payera* , à l'action barbare d'as-
sassiner un frere. Mon frere s'est fait donner une
pension de cent francs , il faut par conséquent qu'il
meure : le tygres seuls & les ours pourroient
trouver ce sens à ce discours.

Louis Calas a désavoué tous ces prétendus
mauvais traitemens : & le Sieur Calas a expliqué les choses avec tant de simplicité. Il n'a-
voit jamais connu que ce fils songeât à quitter la
Religion Protestante : un Conseiller de la Cour,
que Louis Calas en avoit prié , lui en porta la
premiere nouvelle : il répond à ce Magistrat , que
si son fils avoit changé de bonne foi , il n'en étoit
pas fâché. Louis Calas s'étoit retiré de la maison
au moment qu'il avoit fait parler à son pere , & il
n'y est point rentré , il se logea chez le sieur Barrau aux Polinaires : dans quel tems placer donc
ces prétendus mauvais traitemens ?

Voici la source de la calomnie. Il étoit question de fixer le sort de Louis Calas ; il se desti-
noit au Commerce , le pere vouloit le placer dans
une maison Catholique à Nîmes , où il devoit en
coûter moins qu'à Toulouse. Mr. de Crussol & un
des premiers Magistrats de cette Ville , avoient
bien voulu entrer dans cet arrangement , & ils
l'avoient approuvé , ils déclarerent à Louis Calas
qu'il falloit partir. Louis Calas ne vouloit point

______

(a) *Julius Clarus pract. cr. quest.* 55. *n.* 1. *& la note* BB. *sur la*
quest. 21.

partir, il se cacha pour l'éviter & demeura caché pendant deux mois : ce fut chez les Demoiselles Larroque & Peyre, parentes du sieur Durand, personnes Catholiques. Il négocia, & Mr. de Crussol détermina enfin qu'il resteroit à Toulouse, se chargeant de trouver une place au même prix de 400 livres que celle de Nîmes devoit coûter. Louis Calas a déclaré tout cela au public dans des écrits imprimés : & les Exposans demandent d'être reçus à en faire la preuve.

Quant à ce que la Demoiselle Calas fit dire à son fils de ne pas passer devant sa porte ; concluez de-là d'abord que cette famille n'est point autrement disposée à faire périr ses enfans : si on avoit eu cette férocité, il falloit induire au contraire Louis Calas à passer très-souvent devant cette porte, c'étoit le moyen de pouvoir lui tendre des pieges. La mere n'a point nié ce fait qu'elle étoit en droit de nier : elle en a dit la raison, elle avoit la douleur que Louis Calas lui manquoit de respect dans ces occasions.

TROISIÉME INDICE.

Les Prévenus ont supposé faussement que Marc-Antoine Calas avoit soupé avec eux.

Une circonstance invincible démontre que Marc-Antoine Calas soupa réellement avec sa famille. Dans les divers interrogatoires des prevenus, ils ont tous exposé de la même maniere, dans quel ordre ils étoient à table. »Comment étiez-vous »rangez, » leur demande - t'on. Le fils dit, »moi, mon pere à ma droite, ensuite ma mere, »mon frere aîné & le sieur Lavaysse : " ainsi le

fieur Lavayffe eft à la gauche de Pierre Calas,
& celui-ci à la gauche du pere. Le pere répond
de même, » moi, ma femme à ma droite, puis
» mon fils aîné, le fieur Lavayffe & mon fils
» cadet. „ Voilà toujours le fieur Lavayffe à la
gauche de Pierre Calas, celui-ci à la gauche
du pere, & les autres dans le même ordre que
Pierre Calas avoit affigné.

Les Prévenus, dira-t'on encore, s'étoient conciliés pour cela. 1°. Si cela étoit, il feroit impoffible que cette idée ne fe fût point brouillée
peu ou prou dans leur efprit dans l'efpace de
deux mois : ils ne peuvent avoir été toujours uni-
formes fur ce point, que parce que l'ordre & le
plan de cette table s'étoit gravé dans leur efprit
pendant le fouper. 2°. A quel propos les Prévenus auroient-ils délibéré de fuppofer que Marc-
Antoine Calas avoit foupé avec eux, & fe fe-
roient-ils conciliés en conféquence, touchant leur
arrangement à table ? Cela décidoit-il pour leur
innocence, & peuvent-ils avoir raifonné ainfi,
nous ferons innocens fi Marc – Antoine Calas a
foupé avec nous ; nous ferons coupables s'il n'a
point foupé ? 3°. Non-feulement cette circonftance ne décidoit point pour eux, elle leur fai-
foit perdre un avantage, parce que fi Marc-Antoine Calas a foupé avec eux, il faut qu'il ait péri
depuis le foupé. Qu'il n'ait pas foupé au contraire
avec eux ; en étendant l'efpace dans lequel il
aura péri ; il aura eu plus de temps pour préparer fa mort, ou vous aurez plus de facilité
pour dire qu'il a péri par des mains étrangeres.

Il n'eft donc pas poffible de fuppofer qu'il y
ait eu à cet égard une conciliation & un accord
entre les Prévenus ? par conféquent cette uniformité perféverante de leur part fur leur arran-

... ement étable, & sur la place que Marc-Antoine ... occupoit, justifie invinciblement qu'il soupa réellement avec eux.

On prétend prouver par le rapport de Maître Lamarque du 15 Octobre 1761, que Marc-Antoine Calas n'avoit pas soupé. Suivant ce Chirurgien, les alimens qu'il a trouvés dans l'estomac s'étoient convertis en une humeur grisâtre : cela demande, dit-il, un intervalle de trois ou quatre heures, & la digestion est presque faite pour lors. Il lui a même *paru* qu'il y avoit du bœuf parmi ces alimens, & les Prévenus ne disent pas qu'il y eût du bœuf à leur soupé.

On a vu, 1°. que ce rapport est nul. 2°. qu'un Chirurgien n'étoit pas expert capable & légitime pour cette partie. 3°. On remarque une contradiction bien étrange dans le rapport de ce Chirurgien. » Il ne faut que trois ou quatre heures » pour que les alimens contractent cette couleur » grisâtre, & la digestion est quasi faite pour lors : & il prétend tout de suite que ce pouvoient être les alimens du dîner. Mais s'il ne faut que trois ou quatre heures pour donner aux alimens la couleur grisâtre, ceux du dîner auront été à ce point à trois ou quatre heures de l'après-midi : & si la digestion est quasi faite pour lors, elle auroit été pleine & parfaite au moins une heure après : par conséquent il ne se seroit trouvé rien dans l'estomac, si Marc-Antoine Calas n'avoit pas mangé depuis le dîné. 4°. Enfin, ce rapport bien entendu établit clairement que Marc-Antoine Calas avoit réellement soupé avec les Accusés. En effet le sieur Lavaysse déclare dans son interrogatoire, qu'il avoit vu manger à Marc-Antoine Calas un quartier de pigeon & deux grapes de raisin ; or, suivant le rapport de Lamarque, ce Chirurgien a

trouvé dans l'estomac de Marc-Antoine Calas, des
morceaux de viande qui n'étoient pas digerés &
les enveloppes d'une quantité de grains de raisin. Il trouve donc dans l'estomac de Marc-Antoine Calas, précisément les choses que le sieur
Lavaysse lui avoit vu manger. Car que Lamarque ait pris pour de la viande de bœuf ce qui
étoit de la viande de pigeon, c'est une méprise
qui n'est d'aucune conséquence ; cette viande ne
pouvoit être que celle que Calas avoit mangé à
son soupé , celle qu'il avoit mangé au dîné devant être entiérement digerée depuis long-temps,
& ne pouvant en rester rien par conséquent dans
l'estomac. L'ignorance de ce rapport a été mise
en évidence dans une Consultation de deux Médecins & deux Chirurgiens.

On fait valoir sur le sujet de se souper, deux
ou trois prétendues contradictions.

Les sieurs Calas fils & le sieur Lavaysse, interrogés à l'Hôtel de Ville, dans quelle chambre
ils avoient trouvé Marc-Antoine Calas à sept heures un quart; ils ont répondu que c'étoit dans
celle près l'escalier. Le pere interrogé au Palais,
dans quelle Chambre étoit Marc-Antoine Calas,
il a répondu *à celle je crois ou nous mangeons.*

Le pere a fait connoître en disant *dans celle , je
croi* , qu'il n'avoit pas présente cette circonstance,
& que ce pouvoit bien être dans une autre Chambre : on ne peut pas dire par conséquent qu'il soit
en contradiction avec le sieur Lavaysse & avec son
fils. Quelqu'un dit qu'un tel fait s'est passé à la
Place Saint Etienne : un autre dit , je crois qu'il
s'est passé à la Place Saint George : en cela même
qu'il dit *je crois* , il doute , il n'est point fixé, par
conséquent il ne détruit pas le discours de l'autre.
De-là la Doctrine constante des Auteurs, que

des témoins qui disent *je crois*, *il me semble* ne font point de preuve : un Auteur célébre (*a*) en rend la raison, *quia credulitas stat simul cum opposita veritate.*

» Mais comment le sieur Calas n'étoit-il pas » fixé sur cette circonstance ? » Il seroit plus merveilleux qu'il l'eût été après deux mois. Est-ce un objet si important dans une Famille, de sçavoir exactement en quelle chambre étoit un des enfans de la maison, quand les autres sont montés pour souper. Pour rappeller ainsi de menues circonstances, il faudroit avoir été consigné exprès pour les retenir, & les avoir couchées par écrit dans le moment.

La seconde prétendue contradiction est que le pere a dit que Marc - Antoine Calas étoit sorti de table avec tous les autres : même qu'il étoit resté ensuite demie heure avec eux, dans la chambre où l'on passa ; au lieu que tous les autres ont dit que Marc-Antoine Calas étoit sorti de table avant la fin du soupé.

L'uniformité des autres Prévenus sur ce point, démontre que la chose s'est passée réellement ainsi, & démontre par conséquent la vérité du souper ; car il faut le redire toujours qu'il n'est pas possible que ces autres Prévenus se soient conciliés entr'eux à cet égard, & que si cela étoit, ils n'auroient pas manqué d'en convenir aussi avec le pere. Ce doit avoir été par conséquent une distraction du pere : & ne grossissons pas des choses si simples : on vit bonnement en Famille, un des enfans quittera la table avant les autres, il est très-possible que le pere n'y fasse pas attention. Dans dix Familles où cela arriveroit un même soir, il n'y auroit pas peut-être deux peres qui ne fussent embarrassés

(*a*) *Rebuffe de reprob. test. n. 55.*

de répondre, s'ils étoient interrogés sur ce sujet demie heure après. Cela est naturel, sur-tout de la part d'un pere déja vieux, préoccupé de ses affaires, & actuellement attentif à faire politesse à un Etranger.

Cette premiere inattention du sieur Calas, aura produit l'autre erreur où il a été : c'est-à-dire qu'il crut que tous avoient passé ensemble dans la chambre où l'on se retira après le soupé, parce qu'il n'avoit pas fait attention que Marc-Antoine Calas avoit quitté la table avant les autres. Mais en un mot, à cette distraction de l'un des Prévenus, on oppose pour gage, certain indubitable de la vérité, l'uniformité des autres, qu'on ne peut pas supposer s'être conciliés.

La troisieme prétendue contradiction est que le sieur Lavaysse a dit que des pigeons qui furent servis à souper étoient au sang, & que tous les autres ont dit, que ces pigeons étoient apprêtés à l'ail. Le sieur Lavaysse a pu équivoquer aisément, parce qu'il entre du vinaigre & de l'ail pour préparer des pigeons au sang, comme pour ceux qui sont proprement à l'ail. L'uniformité des autres Prévenus à dire que ces pigeons étoient à l'ail, démontre pareillement que c'est ainsi qu'ils étoient aprêtés ; n'étant pas possible encore qu'ils se soient conciliés sur ce sujet, & étant toujours évident que si cela étoit, ils n'auroient pas manqué d'en convenir aussi avec le sieur Lavaysse. Il n'est pas même douteux, que cette Famille n'ait soupé réellement : cela étant cette différence sur la maniere dont étoient aprêtés les pigeons qui furent servis, ne pourroit donc passer que par un oubli innocent.

Il n'est pas nécessaire de remarquer que suivant les Auteurs, (a) les contradictions des Prévenus ne

____

(a) *Jul. Clar. Pract. Crim. Lib. 5. §. fin. n. 39. & not. LL.*

tout qu'il point, si elles ne tombent sur le prin-
cipal, & sur ce qui est de la substance de l'action,
mais sur de simples circonstances : *si non est circa
factum, circa substantialia negotii, sed circa circums-
tantias.*

Mais en un mot une circonstance invincible démontre que Marc-Antoine Calas a soupé avec sa
famille : on s'appuyeroit donc en vain de ces trois
prétendues contradictions pour rendre ce fait incertain. Un fait est démontré, & on voudra présumer le contraire ? ce seroit renverser toutes les regles du raisonnement : il n'y a point de vérité qui
subsistât vis-à-vis d'une telle Logique.

§.

On suppose comme un autre indice, qu'une
femme a déposé qu'un jeune homme sorti de
la maison, pendant le pourparler des curieux, avoit
crié à des Demoiselles à la fenêtre, que Marc-
Antoine Calas avoit été tué par un porte épée ;
que deux autres femmes, la Demoiselle Peyronet, (a) faiseuse de Bourses, & la Demoiselle Portal
son associée, ont soutenu à Pierre Calas qu'il
avoit dit le même soir que son frere avoit été tué
d'un coup d'épée dans le cou ; même qu'il étoit
entré à cette occasion au Billard de la Grand'ruë,
appellé les quatre Billards, pour sçavoir s'il auroit eu querelle avec quelqu'un.

La premiere de ces deux dépositions a été mise sur le compte du sieur Lavaysse, quoique cette
femme ne l'ait pas reconnu à la confrontation.
Pierre Calas & lui ont dénié constamment ces

____

(a) *La Cour est suppliée de demander au Public ce qu'est la Demoiselle Peyronet.*

M

faits ; & peut-on croire en effet qu'aucun d'eux ait
suppofé que Marc-Antoine Calas étoit mort d'un
coup d'épée, tandis qu'ils alloient chercher l'un &
l'autre un Chirurgien,que la Maifon alloit fe rem-
plir du monde , qu'ainfi l'on devoit connoître dans
le moment que Marc - Antoine Calas n'avoit pas
péri de ce genre de mort. Ils auront débité un
menfonge qui ne pouvoit durer qu'un inftant ? ils
auront débité ce menfonge , en même-temps qu'ils
faifoient des démarches qui alloient manifefter la
vérité ? cela eft trop inconcévable.

Mais quand Pierre Calas & le fieur Lavayffe
auroient tenu ce propos ; ils pourroient l'avoir fait
dans l'objet(qu'on fe propofoit,)d'écarter le foupçon que Marc-Antoine Calas fe fût défait lui-même: on ne pourroit donc pas en tirer la conféquence que le crime eut été commis par la famille : pour
me juger coupable , il faut que ce qui m'eft objecté reçoive naturellement cette explication , &
n'en puiffe pas recevoir d'autre.

Tels font les prétendus indices qu'on objecte
aux Expofans. D'un côté , ces indices prétendus
manquent par le fait. Il n'eft pas vrai que Marc-
Antoine Calas dût changer de Religion. Il n'eft
pas vrai qu'il ait été maltraité & menacé à cette
occafion. Il n'eft pas vrai que Louis fon frere ait
été maltraité pour le même fujet. Il n'eft pas vrai
que Marc-Atoine n'ait point foupé avec fa famille. Il n'eft pas vrai qu'on ait fuppofé dans le
premier moment un faux genre de mort. Rien de
tout cela n'eft prouvé valablement. Et l'on a vu
de l'autre côté , que quand les faits fur lefquels
on établit ces indices prétendus feroient auffi réels
qu'ils le font peu , ce ne feroit rien moins que des
indices. Marc-Antoine Calas a été tué en haine de
ce qu'il avoit renoncé à la Religion Proteftante ;

mais la Religion Proteſtante abhorre elle-même
cette inhumanité , elle la défend avec anathême.
Marc-Antoine Calas a été menacé : mais il n'eſt
pas dit que ce fût pour cauſe de la Religion , ce
qu'on ſuppoſe néanmoins pour fondement du crime.
Louis Calas a été maltraité pour cette cauſe ;
mais Louis Calas n'à pas péri. Les Prévenus ont
ſuppoſé fauſſement que Marc - Antoine Calas a
ſoupé avec eux : mais il eſt indifférent pour leur
innocence qu'il ait ſoupé ou non avec eux ; ce ſeroit même une circonſtance qui leur ſeroit avan-
tageuſe qu'il n'y eût pas ſoupé. Ils ont ſuppoſé
dans le premier moment qu'ils ſont ſortis que
Marc - Antoine Calas avoit été tué d'un coup
d'épée : mais cela pourroit avoir eu pour objet
d'écarter le ſoupçon qu'il eut attenté ſur lui-même.

Qu'il s'éleve au contraire d'indices victorieux
en faveur des Expoſans ? ils ſont répandus dans
le cours de ce Mémoire , on ne les réſumera
pas en cet endroit , cet ouvrage n'eſt déjà que
trop long. Or des indices font rélaxer les Prévenus lors même qu'ils ſont attaqués par des témoignages formels ; [a] parce que ces témoins
peuvent ſe tromper , qu'ils peuvent être trom-
peurs , qu'ils peuvent être ſéduits par des pré-
ventions, que les paſſions peuvent les remuer : on
examine en conſéquence ſi rien ne parle en faveur
des Prévenus. Ainſi les circonſtances fortes , dé-
ciſives , qui parlent en faveur des Expoſans , les
feroient relaxer , quand même des miſérables
dépoſeroient formellement qu'ils fuſſent les auteurs de ce meurtre : combien plus lorſqu'on ne
leur oppoſe que des indices , ou pour mieux dire ,
des objets frivoles qu'on honore du nom d'indices.
En particulier, comment envelopper dans cette

[a] *Bornier ſur Ranchin in verbo Teſt. art. 106.*

disgrace & la mere & le fils , puisqu'il n'existe aucunes menaces de leur part ?

Est-il permis dans le fonds de condamner sur des indices ? lisez les Auteurs : plusieurs disent qu'on ne le peut pas , quelques-uns vous diront qu'on le peut : suivez-les , ils prouvent tous qu'on ne le peut point. Ils exigent pour cela en effet [a] que les indices soient *indubitab.es* : qu'il en résulte , par une conséquence *nécessaire* , que les Prévenus ont commis le crime , & qu'il est *impossible* qu'ils ne l'ayent pas commis , *ut res aliter se haberi non possit*; parce que la Loi exige en effet des preuves plus claires que le jour , *luce clariorâ*. Or des indices peuvent-ils faire dire jamais , *il est indubitable* que vous avez commis le crime , il y a *nécessité* que vous l'ayez co mmis , il est impossible que cela ne soit pas ? Comment cela est-il *indubitable*, comment cela est-il *nécessaire* , comment est-il *impossible* qu'il en soit autrement , s'il n'y a que des indices ; puisqu'on est si souvent trompé aux indices qu'on a cru les plus évidens ; que d'autre côté l'esprit humain n'a aucunes regles pour juger du nécessaire & de l'étendue du possible ; cela tient à l'infini qui est au-dessus de la foible portée de l'homme.

Rassemblez en particulier ce qu'on appelle indices dans cette cause , & qu'on en fasse un tableau : qui osera tirer en soi-même cette conséquence : par ces circonstances , il est *indubitable* , il est *nécessaire* que Marc-Antoine Calas ait été étranglé par ses parens , il est *impossible* que ses parens ne l'aient pas fait.

[a] *Ju.ius Clarus pract. crim. lib.* 5. §. *fin. q.* 20. *n.* 5.—*Bornier sur le titre* 19. *de l'Ordonnance de* 1670. *art.* I.

[b] *Cap. Car. Mag. lib.* 7. *cap.* 186. *Danti le rapporte à la fin de son Ouvrage sur Boisseau.*

Un Capitulaire de Charlemagne [b] s'éleve bien fortement contre la preuve par des indices. Les Capitulaires sont des Ordonnances qui ont été faites dans les Assemblées de la nation : ce sont par conséquent des Loix bien respectables. L'humanité même & la droite raison parlent dans ce Capitulaire. » Qu'un Juge, c'est la tradition de Danti, ne » condamne jamais qui que ce soit, sans être sûr de » la justice de son Jugement; qu'il ne décide jamais » de la vie des hommes par des présomptions, qu'il » voie la preuve claire, & après cela qu'il juge. Ce » n'est pas celui qui est accusé qu'il faut considerer » comme coupable, c'est celui qui est convaincu. » Il n'y a rien de si dangéreux, ni de si injuste au » monde que de hasarder à juger sur des conjectures. » Toutes ces sortes d'affaires où la preuve consiste » en indices, & ne va qu'à former un doute, doi— » vent être reservées au souverain Jugement de » Dieu ; & les hommes doivent sçavoir, que toutes » fois & quantes qu'il n'a pas voulu leur donner le » parfait éclaircissement d'un crime, c'est une mar— » que qu'il n'a pas voulu les en faire Juges, & qu'il » en a réservé la décision à son Tribunal. (a)

Remarquez d'autre part que les Auteurs disent seulement, que le Juge peut condamner sur des indices, non pas qu'il y soit obligé. [b] Deux Té—

[a] *Nullus quemquam ante justum judicium damnet nullum suspicionis arbitrio judicet. Prius quidem probet & sic judicet : non enim qui accusatur, sed qui convincitur reus est. Pessimum namque & periculosum est quemquam de suspicione judicare. In ambiguis Dei judicio reservatur sententia. Quod certe agnoscunt suo, quod nesciunt divino reservent judicio ; quoniam non potest humano condemnari examine quem Deus sub judicio reservavit.*

[b] *Julius Clarus pract. crim. lib.* 5. *quæst.* 20. *n.* 5. *potest reus condemnari*.... *potest deveniri ad condemnationem* Un Continuateur de Julius Clarus sur cette question n°. 10. *ex præsumptionibus potest quis condemnari.* Charondas liv. 9. de ses réponses

moins difent , nous avons vu commettre le crime ;
il faut le punir , la Loi l'ordonne. Mais s'il n'exifte
que des indices , la Loi n'ordonne plus rien , elle
laiffe le Juge en liberté. Il aura égard à ces indices , s'il le veut ; il n'y aura point égard , s'il ne
veut point. Ainfi déchargez alors les Prévenus ,
rien ne peut vous être reproché , la Loi fe tait ,
& l'humanité vous loue : condamnez au contraire
fur ces indices , vous êtes chargé des événemens ,
parce que vous avez opté d'être fevere , quand
vous êtiez libre de ne l'être pas.

Et quel danger dans les indices ? Lebrun perd la
vie fur des indices : Langlade meurt aux Galeres
condamné auffi fur des indices : on découvre enfuite
qu'ils étoient innocens ? Quel regret pour le Juge,
quelle terreur , c'eft un poids qu'il faut porter toute
fa vie. Un exemple rapporté par Charondas [a]
infpire fur-tout la plus grande frayeur. Un mari
maltraite fa femme une nuit : des voifins l'entendent crier au meurtre. On entre le lendemain dans
cette maifon ; on voit du fang verfé , le mari
éperdu , le four fumant encore ; & la femme ne
paroît point. Le mari arrêté avoue à la queftion
qu'il a fait expirer fa femme dans ce four : le
premier Juge le condamne à mort. Le Parlement
de Paris où l'Appel fut porté étoit aux opinions ;
& cette Compagnie paffoit , non point à ordonner
la mort, une Cour fouveraine eft trop fage pour
ne pas tout tenter avant d'infliger le dernier fupplice , mais il paffoit à ordonner un interlocutoire :
la femme pleine de vie réparoit , elle avoit fui
avec un amant. L'antiquité rapporte tant de faits

rép. 1. *Il dépend de l'avis & arbitrage du Juge d'ordonner fur
iceux ou non.*

[a] *Au lieu ci-deffus.*

pareils : Charondas en a recueilli trois ou quatre au même endroit. Un Auteur moderne, qui rapporte les trois faits du mari de Charondas, de Langlade & de Lebrun, s'écrie que » ce font des » exemples bien funeftes de la fauffeté des indices, » qui paroiffent même les plus certains.

Ah ! qu'on puniffe, fi on veut, fur des indices des crimes ordinaires : car, puifque ces crimes font ordinaires, ils peuvent avoir été commis. Mais juger fur des indices par rapport à un cas fans exemple dans les fiecles paffés, & qui le fera fans doute dans les fiecles à venir ? juger fur des indices qu'un pere a affaffiné fon fils, que la mere & un frere fe font joints à lui, qu'une ancienne domeftique, un ami arrivé de la veille & retenu fortuitement à fouper, font entrés dans ce complot : pour tout dire en un mot, croire fur des indices un parricide qui en renfermeroit cinq, & ce que l'on croiroit à peine, après l'avoir vu : cela répugne trop à la raifon.

Ecoutons là-deffus le grand homme qui a été cité à une autre occafion (a). »Pour un crime,

(a) *In hoc tanto, tam atroci, tam fingulari maleficio, quod ita raro extitit, ut fi quando auditum fit portenti ac prodigii fimile numeretur quibus tandem te argumentis accufatorem cenfes uti oportere ? Nonne & audaciam ejus qui in crimen vocetur fingularem oftendere, & mores feros, immanemque naturam & vitam vitiis flagitiifque omnibus deditam, & denique omnia ad perniciem profligata atque perdita . . . . . in quo fcelere, etiam cum multa caufæ (indices) conveniffe unum in locum atque inter fe congruere videntur tamen non temere creditur . . . . . neque teftis incertus auditur. Cum multa commiffa maleficia, tum vita hominis perditiffima, tum fingularis audacia oftendatur neceffe eft, neque audacia folum fed fummus furor atque amentia . . . . . quæ nifi multa & manifefta funt, profecto res tam fcelefta, tam atrox tam nefaria credi non poteft. Magna eft enim vis humanitatis . . . . . multum valet communio fanguinis : reclamitat iftius modi fufpicionibus ipfa natura . . . . portentum atque monftrum certiffimum eft, effe aliquem humanâ fpecie &*

»dit-il, si grand, si atroce, si singulier ; qui eſt
»ſi rare, que s'il y en a eu jamais d'exemples
»ils ont été regardés comme un prodige : quelles
»preuves ne faut-il pas avoir ? Il faut, pour fon-
»dement de cette accuſation, prouver avant tout
»contre celui qu'on prétend convaincre de ce
»forfait, qu'il a fait paroître dans le cours de ſa
»vie une audace singuliere, des mœurs féroces,
»un naturel barbare, un fonds d'égarement & de
»fureur ; alors seulement vous pouvez écouter des
»Témoins, autrement il n'eſt pas poſſible de
»croire un fait ſi horrible, ſi atroce, ſi épou-
»ventable. Car quelle n'eſt point la force de l'hu-
»manité & de la voix du ſang ? la nature réclame,
»& ne ſouffre pas qu'on croie que par un pro-
»dige effroyable, une créature qui a la figure
»humaine ait tellement ſurpaſſé en fureur les
»bêtes les plus féroces, qu'elle ait pu ôter le
»jour à celui à qui elle l'avoit donné. « C'eſt
ainſi que s'exprime ce grand Orateur.

Athénes (a) n'avoit point établi de peine pour
le parricide, elle ne croyoit pas que ce crime
fût poſſible. Quelle bienſéance de mœurs ; quelle
nobleſſe ; quelle eſtime de la nature humaine ?
combien donc Athénes auroit-elle été éloignée de
déclarer coupable d'un parricide, ſur des indices
quels qu'ils fuſſent. Cependant Dieu n'étoit pas

____

figura qui tantum immanitate beſtias vicerit, ut propter quos hanc
ſuaviſſimam lucem aſpexerit, eos indigniſſime luce privarit.... cum
etiam feras inter ſeſe partus, atque educatio & natura ipſa con-
ciliet. Cic. pro Roſcio Amer. n. 13 & 22, les Juges de Rome
eurent égard à cette belle rémontrance, fondée ſur la nature, & Roſcius fut relaxé, quoiqu'il eût contre lui l'énor-
me puiſſance du cruel Dictateur Sylla.

(a) Eodem n. 25.

venu encore sur la Terre éclairer les hommes, leur apprendre la dignité de leur nature, & que l'homme le plus vil en apparence mérite le respect le plus grand par l'honneur qu'il a d'être son image. Un Tribunal Chrétien ne jugera pas des hommes moins religieusement qu'Athénes Payenne : le premier Tribunal d'une nation aussi généreuse, n'en jugera pas moins noblement que cette petite Cité.

Permettra-t'on d'ajouter, avec l'Auteur de l'esprit des Loix (a), qu'il faut se méfier encore plus des indices dans la poursuite des crimes où la Religion se trouve mêlée. En effet, qui voudroit juger son ennemi sur des indices ? Il craindroit que son cœur ne lui fît illusion ; que la force que ces indices lui paroîtroient avoir ne fût prise dans son cœur. Or celui dans la cause de qui la Religion se trouve mêlée est plus que votre enne-mi, il est ennemi d'une Religion & d'un Culte qui vous sont plus chers que vous-même. L'homme le plus droit ne sçauroit trop être en garde contre l'impression profonde & terrible que font dans l'esprit ces mots, d'ailleurs si justes & si saints, *il faut venger Dieu, il faut venger la Religion.*

La corde & le billot furent représentés aux Ex-posans dans leur interrogatoire au Palais ; ils le manierent, dit-on, froidement ; ils ne parurent pas émus ; qui ne seroit pas scandalisé ?

Il seroit surprenant sans doute que les Exposans n'eussent pas été troublés à la vue de ces deux ins-trumens funestes ; mais il n'est pas surprenant qu'il n'ait pas été apperçu qu'ils le fussent : un autre sen-timent dut s'élever si vite dans leur ame : par ces deux instrumens funestes, durent-ils se dire, nous

____

(a) *Liv.* 12. *chap.* 5.

N

périffons depuis trois mois : malheureux ! il a perdu avec lui toute fa famille. L'efprit partagé entre ces deux mouvemens , & l'un étant balancé par l'autre , il en dut réfulter une apparence de tranquillité. Ainfi deux mouvemens oppofés qui fe rencontrent à forces égales produifent fou- vent le repos. C'étoit horreur , non tranquilli- té ; il n'en fut jamais de plus jufte , & rien ne reffemble plus à la tranquillité que l'horreur, puifque c'eft un fentiment qui enchaîne les fens. C'étoit enfin la tranquillité de cet ancien , défef- péré & furieux , à l'ouie des conditions qu'un Ro- main vainqueur impofoit à fa Patrie malheureu- fe , & paroiffant tranquille par l'excès même de fon défefpoir (a).

Infortunés , vous ne périrez pas : la Cour a déja préjugé que vous n'étiez pas convaincus ; & fon Arrêt vous annonce , que fenfible à l'humanité & à vos maux , elle defire de vous trouver in- nocens. Un devoir rigoureux impofe au Vengeur public la néceffité trifte & dure pour fon cœur, ami des hommes, de pouffer les Procédures & de ne rien négliger : mais bientôt convaincu de votre innocence par les recherches même qu'il eft obligé de faire contre vous , n'en doutez pas, il va devenir votre protecteur.

Qu'il me foit auffi permis de vous rendre compte de mes penfées ; dès le premier moment je vous ai eftimés innocens , je n'ai pas pu penfer (& j'ai- mois à ne pas le croire) que la nature humaine fût capable de l'affreux égarement qu'on vous imputoit ; & au plus fort des clameurs qui

(a) Fait rapporté par Plutarque. Un Poëte a dit dans le même fens :

 ,, De colere immobile,
,, A force de douleur il demeura tranquile.

s'élévoient contre vous, mon cœur vous a toujours rendu le même témoignage.

Cependant ce n'est pas sur la foi de ce sentiment que j'ai entrepris de vous défendre : j'ai
voulu être persuadé, j'ai travaillé à connoître
tout, je suis allé à la source de tout, j'ai tout
consulté, tout écouté : j'ai écouté la prévention,
je l'ai entendue vomir ses noirceurs, & j'ai frémi
de la témérité de ses jugemens : j'ai écouté la
droiture & les sages, leurs lumieres m'ont éclairé, & la noblesse de leurs pensées a élévé les
miennes : alors votre innocence, que j'avois crue
par sentiment, m'a été connue à découvert.

En vous défendant je n'ai pas cru vous servir
vous seuls : j'ai cru servir tous les hommes, il
n'en est point qui ne dût être affligé que la nature à laquelle il appartient, fût reconnue capable d'une fureur aussi étrange : j'ai cru servir la
Religion Catholique, contre laquelle l'hérésie a
l'audace & l'insolence d'invectiver à toute occasion : j'ai cru servir enfin la Religion en géné-
ral. Dans le dessein insensé de détruire toute Religion, que forma autrefois le Poëte, apôtre de
l'Athéisme (a), il crut prévenir bien avantageu-
sément, en débutant par raconter l'action barbare
que la Religion des Grecs fit commettre à la
Gréce assemblée en Aulide. Dans un temps où
toute Religion est attaquée par un torrent de
livres impies qui se débordent de toutes parts ;
ne donnons pas lieu, à cette troupe frénétique,
de penser que la Foi Protestante a pu mettre
cette rage dans le cœur d'un pere, une mere,
un frere ; & de redire, avec insulte à cette occasion,

(a) Lucrece au commencement de son Poëme.

le mot sacrilége de leur détestable Maître (*a*).

Toute la France, toute l'Europe a les yeux sur cette Cause : mais dans l'Europe, l'Angleterre, l'Ecosse, l'Irlande, la Prusse, le Dannemarc, la Suéde sont dans le parti de l'hérésie, on y trouve à peine une poignée de Catholiques. Là malheureuse aventure du 13 Octobre peut se renouveller dans quelques familles Catholiques de ces Contrées : un enfant chéri peut se trouver mort dans sa maison. Il aura été vu auparavant dans les Temples de la Religion dominante ; où ne pénétrent pas les jeunes gens ? Le pere aura été entendu grondant, ménaçant cet enfant ; quel pere ne ménace point ? L'Ecriture Sainte leur en fait un devoir. L'anthousiasme saisira le peuple ; tout changera de ton dans ces esprits, tout y changera de couleur, tout y recevra l'empreinte de la prévention qui les aura infectés ; & s'il ne tient qu'à avoir entendu d'un second étage bien fermé, une voix prétendue partie à l'autre côté de rue, d'un rez-de-chaussée bien fermé aussi ; tandis que mille autres diront qu'à l'heure même le Cadavre étoit déja froid, & la famille pleurante sur son sort ; nos malheureux freres pourront-ils se tenir sûrs de la vie ?

L'ancien Illustre qui a été cité ailleurs, remarque que quand Athénes n'établit point de peine contre le parricide, ce fut en partie pour ne pas apprendre aux hommes, en cela même qu'elle établiroit une peine contre ce crime, que ce crime pût être commis. *Sapienter fecisse dicitur cum de eo nihil sanxerit, ne non tam prohibere quam admonere videtur.* (*b*) N'apprenons pas de notre côté aux hommes qu'un pere, une mere, un frere,

[*a*] *Tantum religio potuit suadere malorum.*
(*b*) *Cic. eod. n. 25.*

une ancienne domeſtique, un ami ont pu ſe réu-
nir pour immoler de la maniere la plus barbare
un fils, un frere, un maître, un ami : ou plutôt
n'affligeons pas les hommes, en leur ordonnant
de croire que la nature humaine ſoit capable de
ſe porter à un excès auſſi horrible.

FAITS JUSTIFICATIFS.

On a la ferme confiance que ce ſecours eſt déja
devenu inutile, & que les Expoſans ſont reconnus
pour innocens : on ne va faire donc le détail de
ces faits, que pour faire éclater d'autant plus
leur innocence & rendre plus glorieuſe leur juſti-
fication. La plûpart ſont ramenés déja dans
les différentes parties de cet écrit : les Expoſans
comprennent parmi ces objets les vérifications
qu'il y auroit à faire.

Il faudroit donc faire vérifier, 1°. s'il n'eſt
très-poſſible que Marc-Antoine Calas ſe ſoit pendu aux deux battans de la porte avec la corde
& le billot que l'on ſçait (a). Des Médecins &
des Chirurgiens devroient être au nombre des
Experts, on en voit la néceſſité p. 48 & 49 ci-
deſſus.

2°. S'il eſt poſſible au contraire que la voix de
Marc-Antoine Calas ait été entendue diſtinctement
de la boutique ou magaſin bien fermés, dans
cette chambre bien fermée du ſecond étage du
ſieur Ducaſſou, où la ſervante prétend l'avoir entendue pendant qu'elle étoit occupée à coucher un
enfant : & que cette voix eût auſſi été entendue

______

(a) *Nota.* Le ſecond Verbal de deſcente fait mention, que
le billot, quoique plus court, peut être aſſujetti en rapprochant les deux battans de la porte.

distinctement des fenêtres, auxquelles la Demoiselle Pouchelon & le sieur Popis supposent qu'ils étoient placés, au second étage de leurs maisons (a).

3°. Admettre les Exp. à prouver que le 13 Octobre à 6 heures du soir une Demoiselle de cette Ville étant entrée dans le Magasin du sieur Calas, pour demander de la Mousseline d'une certaine espece ; le sieur Calas pere parla d'un ton plein de tendresse à Marc-Antoine Calas, qui se trouvoit présent ; lui disant, monte Calas ou à tel endroit, tu y trouveras ce qu'on demande. Que le même jour un Bourgeois de cette Ville, ami du sieur Calas, étant entré dans sa Boutique, le sieur Calas l'invita à souper, & lui dit qu'il devoit aller le lendemain chercher ses filles, qui étoient chez le sieur Tyssier, que sa jeunesse seroit de la partie ; & qu'il l'invita à venir avec eux.

4°. Que la prétendue conversation du mois d'Août dernier, entre Pierre Calas, & la Demoiselle Bou, dans la Boutique du Sr Bou Tailleur est fausse. La Demoiselle Bou avec qui il est supposé que cette conversation s'est faite, & les deux Garçons qui sont encore dans la même Boutique rendront ce témoignage à la vérité.

5°. Ordonner que Me. Pimbert, & Me. Monier, le sieur Michel & le sieur Savaigne Greffiers, qui firent la visite des livres & papiers du défunt lors de la Descente dont il a été parlé, seront resumés devant un Commissaire de la Cour ; & qu'ils seront tenus de déclarer, s'il se trouva quelque chose parmi les livres & papiers de Marc-Antoine

---

(a) Un mot sage, de la Loi à cette occasion, avoit échapé : pour ne pas le perdre, on va l'employer ici ; il n'est point ajouté foi aux Témoins les plus affirmatifs qui déposent de choses non vraisemblables, *testibus non verisimilia deponentibus.*

Calas, qui eût rapport à la Religion Catholique
& à son prétendu changement.

6°. Admettre pareillement à prouver qu'à
Noël 1760, Marc-Antoine Calas étoit à Brassac chez le sieur Vaute. (a)

7°. Que Marc-Antoine Calas assista au mois
de Septembre 1758 à une Assemblée Protestante, qui se tint du côté de Mazamet, & qu'il y
présenta un enfant à Baptême, qui fut baptisé par
un Ministre : & qu'à Noël 1760, étant chez le
sieur Vaute à Brassac, il assista à une pareille Assemblée qui se tint du côté de Vabre près Brassac:
que le mois de Juillet dernier il assista à un enter-
rement Protestant qui se fit hors de cette Ville,
& qu'il parla fortement aux autres assistans de la
prétendue excellence de sa Religion.

8°. Que Marc – Antoine Calas avoit fait demander à son pere quelque temps avant sa mort
de vouloir l'associer, & que le sieur Calas fut
obligé de le refuser.

9°. Que l'Associée de la Danduse a déclaré publiquement à la Place de l'Hôtel de Ville, qu'il
avoit été inseré par erreur dans sa déposition,
qu'elle avoit vu le sieur Calas pere maltraitant
son fils, qu'elle n'avoit entendu déposer de ce fait
que par oui dire. (b)

10°. Qu'au même moment que Louis Calas
pria un Magistrat en la Cour de prendre la peine de donner à son pere la nouvelle de sa conversion, il quitta la maison, & alla loger chez le
sieur Barrau, rüe des Polinaires : & que pendant
le temps qu'il ne parut pas, c'est qu'il s'étoit ca-

(a) *Ce n'est donc pas Marc-Antoine Calas que Me. Laplaigne
a confessé à Noel 1760.*

[b] *Ceci n'a n'a pas été rendu plus haut aussi exactement.*

ché chez les Demoiſelles Larroque & Peyre parentes du ſieur Durand Perruquier, rue Vinaigre;
pour éviter d'aller à Nîmes, où on lui avoit trouvé une place dans une Maiſon Catholique.

11°. Enfin ordonner qu'il ſera procedé à une
nouvelle vérification par des Médecins & Chirurgiens qui ſeront nommés d'office par la Cour,
le ſieur Lamarque appellé, leſquels ſur l'état des
alimens qui ſe trouverent dans l'eſtomac de
Marc-Antoine Calas, & ſur le rapport qui leur
ſera encore fait par le ſieur Lamarque, rappor-
teront ſi Marc-Antoine Calas ne devoit pas avoir
mangé depuis peu lorſqu'il eſt mort.

Me. SUDRE, Avocat.